検証　アベノメディア

安倍政権のマスコミ支配

臺　宏士

緑風出版

目次

検証アベノメディア——安倍政権のマスコミ支配

第一部

安倍ジャーナリズム

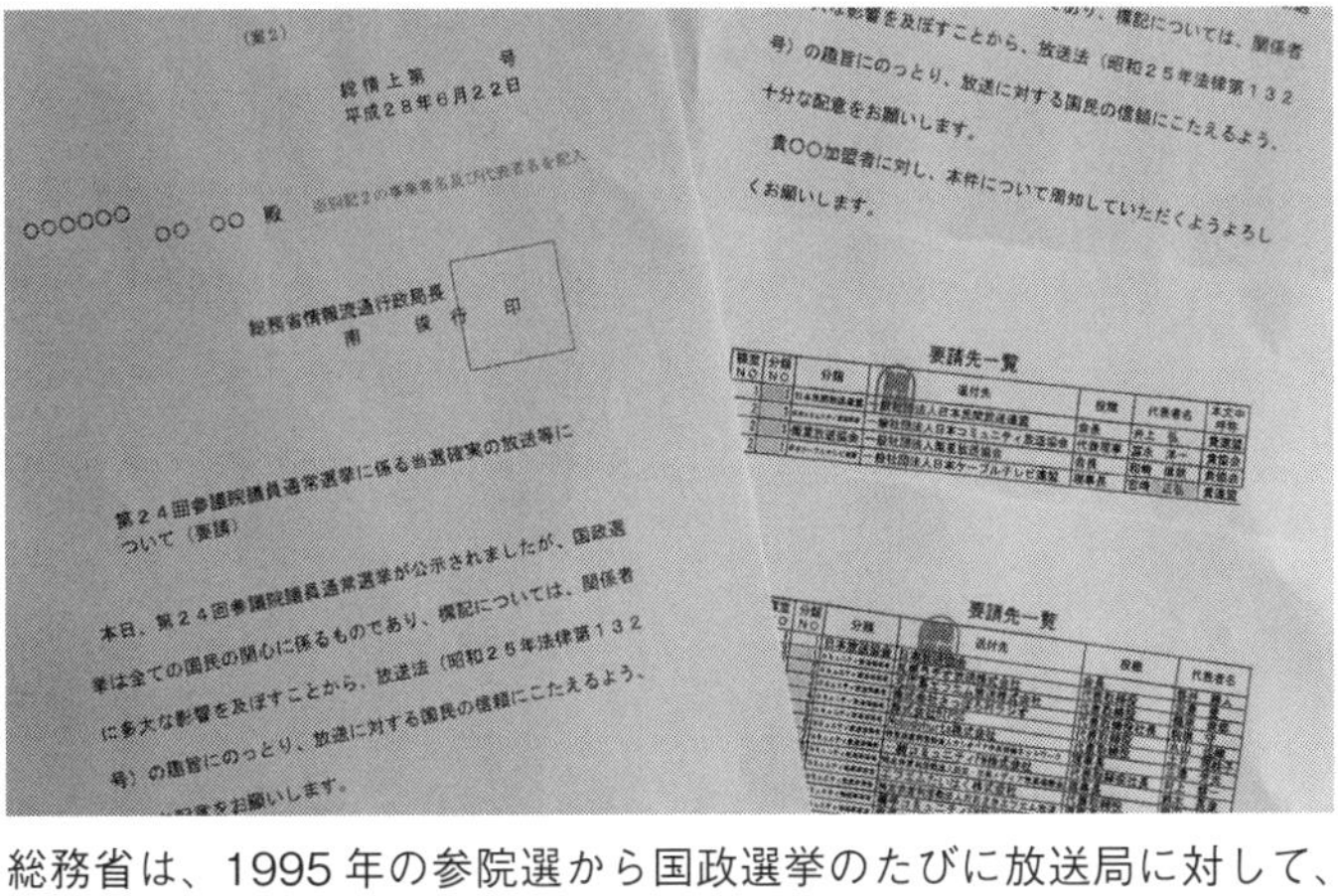

総務省は、1995 年の参院選から国政選挙のたびに放送局に対して、「当選確実放送は放送法にのっとり十分な配慮」をすることを要請している。民放連は行政介入の常態化を懸念し、「極めて遺憾」とのコメントを発表したこともある。民主党政権下では、こうした要請はなかったが、第２次安倍政権になって復活した。写真は、総務省が作成した、2016 年の参院選にあたっての要請文と送付先一覧。

第1章　総務大臣がテレビの停波に言及　自民党が選挙報道に事前要請

放送法が定めた政治的公平に違反するような放送を繰り返したら電波の停止を命じることができる——。二〇一六年二月の衆院予算委員会で放送局に対して放送免許の交付を行う権限を持つ高市早苗総務大臣のとんでもない答弁が波紋を広げた。

そもそも政治的に公平なのかどうかを判断するのは一体、誰なのか。高市氏によれば、それは当然、総務大臣、つまり、時の政権の担当大臣、与党の政治家自身なのだという。そんな仕組みが民主主義国家で想定されるのだろうか。放送番組の内容について規制をするわけだから当然、憲法二一条が保障する放送局の表現の自由を侵害することにもなるわけだ。そんなことを本当に憲法が許容しているのだろうか。

安倍政権下では、自分たちの政権に都合の良いように放送法などの法律を解釈してきているのが特徴である。その法律が制定されたときの趣旨はどうであるのか、法律に書いてあることはあるが、過去に長く適用されてこなかったのはどういう理由なのかといった、運用の経験を尊重することもない。後述するが二〇一五年には、紛争地のシリアに取材に行こうとしたカメラマンのパスポートを返納させたり、第一次政権（二〇〇六年～〇七年）時には、ＮＨＫのラジオ国際放送に対して北朝鮮による日本人の拉致問題を重点的に取り上げるよう命令を出している。自分の支持者・友達をＮＨＫの経営委員に送りこむ。当時の総務大臣はいまの菅義偉官房長官である。パスポートの返納命令も特定の政治課題の放送命令も過去には例がなかった。当然である。いずれも憲法の保障する国民の権利を侵害しかねないから条文上は書いてあっても歴代の政権は、適用に慎重だったわけだ。

放送法には経営委員は国会の同意を得て、首相が任命すると書いてある。しかし、自分の友達を起用するようなあからさまな人事は、受信料を支払う視聴者に遠慮して自重してきた。当然、批判は出るが全く意に介さない。そういう体質の政権なのだ。

第一章では、そうしたハードルをいとも簡単に飛び越えてしまうのが特徴である安倍政権のメディア政策をみていきたい。

■電波停止

政治的公平を定めた放送法に反する番組を繰り返し流したら停波もあり得る――。高市早苗総務大臣が二〇一六年二月八日の衆院予算委員会で答弁した「電波停止」は、安倍政権のメディア観を示す象徴的な発言だった。問題となった政治的公平は、放送法の四条に規定されている。四条は「放送事業者は、国内放送及び内外放送（以下「国内放送等」という。）の放送番組の編集に当たっては、次の各号の定めるところによらなければならない」とあり、次のように規定している。

一　公安及び善良な風俗を害しないこと。
二　政治的に公平であること。
三　報道は事実をまげないですること。
四　意見が対立している問題については、できるだけ多くの角度から論点を明らかにすること。

テレビの家庭への普及率がほぼ一〇〇%に近いといっても、一般視聴者が自分の見ている番組を放送局がどのような基準で制作しているのかなどは、まず気にすることはないだろう。

この四つの原則は、何も放送局だけが基準とするものではない。新聞や出版、最近ではインターネットなどおよそジャーナリズム活動を行っている者にとっては誰もが配慮すべきものである。放送局に限っては、放送法という法律に基づいて経営されていることから、いわばたまたま法律にも定めがあるという程度のものである。その具体的な内容については、それぞれのジャーナリスト、報道機関が考えるべきものであるとされてきた倫理であると言っても良いだろう。ましてやジャーナリズムによって権力の行使を監視される立場の公権力が監視のルールをつくり、そのルールから逸脱していないかどうかを判断するなどと言うことはおよそ議論として成り立たない。

ところが、高市総務大臣はそれを押し切って撤回しないのである。高市総務大臣が口にした停波であるが、最も影響力の大きい地上波の放送局に対する規定は放送法ではなく、電波法という別の法律に書いてある。その名の通り、無線局の運用の在り方について事細かに規定した法律で、その七六条は、「総務大臣は、免許人等がこの法律、放送法若しくはこれらの法律に基づく命令又はこれらに基づく処分に違反したときは、三箇月以内の期間を定めて無線局の運用の停止を命じ、又は期間を定めて運用許容時間、周波数若しくは空中線電力を制限することができる」――となっている。

高市総務大臣の停波発言は、朝日新聞が翌九日の朝刊一面二番手で大きく取り上げたことから政治問題化した。

どのような質疑だったのか。まずは国会議事録から抜粋してみた。質問者は、民主党（当時）の奥野総一郎氏だ。後述する「視聴者の会」が放送法四条をめぐる解釈について高市大臣に質問書を提出していて、質問はそれに関連してだった。焦点は電波法七六条は前記の通りの規定をしており、総務大臣が放送法四条に違反したと判断すれば電波の停止ができるのかどうか――という点だった。抜粋（要旨）したのは、二月八日の質疑である。

高市早苗総務大臣の停波発言を報じるテレビニュース＝TBS「NEWS23」（2016年2月9日放送）。

〈**奥野委員**　もし恣意的に運用されれば、政権に批判的な番組を流したというだけで業務停止をしたり、その番組をとめてしまったり、あるいはそういう発言をした人がキャスターを外れるというようなことが起こり得る。ここで明確に否定していただきたい。放送法の一七四条の業務停止や、電波法七六条についてはこうした四条の違反については使わないということで明確に御発言いただきたい。
高市総務大臣　第四条もこれも民主党政権時代から国会答弁で、単なる倫理規定ではなく法規範性を持つものという位置づけで、しかも電波法も引きながら答弁をしている。どんなに放送事業者が極端なことをしても、仮に、それに対して改善をしていただきたいという要請、あくまでも行政指導というのは要請になるが全く改善されない、公共の電波を使って繰り返されるという場合に、全くそれに対して何の対応もしないということをお約束するわけにはいかない。そこまで極端な、電波の停止に至るような対応を放送局がされるとも考えていないが法律というのは、やはり法秩序というものをしっかりと守る。違反した場合には罰則規定も用意されていることによって実効性を担保すると考えておりますので、全く将来にわたってそれがあり得ないということは断言できない。

奥野委員　この四条というのは、もともと昔から、古くは、まさに法規範性がない、努力義務だとずっと言われてきたんですね。だから行政指導も行われてこなかったが、時代の流れとともに変わってきた。今回、この解釈の変更で、個別の番組についても責任を問われかねない。今大臣は明確に停波とかは否定されなかったが、実際に与党の幹部が、個別の番組の個別の事例について、停波について言及されたと報道されている事例もある。この解釈がもし続けば、この解釈の変更によって私は非常に報道の萎縮を生むと思う。この解釈、ぜひ撤回していただきたい。個別の番組についてバランスをとるということ、政治的公平性を求めるということについて、撤回していただきたい。

高市総務大臣　撤回はしない。放送事業者が放送法の規定を遵守しないという場合には、放送事業者からの事実関係を含めた報告を踏まえて、昨年私が行いましたような行政指導を放送法を所管する総務大臣が行うという場合もある（筆者注　ＮＨＫの出家詐欺を取り上げた番組で事実に基づかない内容があったとして高市総務大臣は二〇一五年四月二八日、大臣名で厳重注意した）。電波の停止は絶対しない、私のときにするとは思わないが将来にわたって、よっぽど極端な例、放送法の、それも法規範性があるというものについて全く遵守しない、何度行政の方から要請をしても全く遵守しないという場合に、その可能性が全くないとは言えない。放送法をしっかりと機能させるために、電波法においてそのようなことも担保されている。実際に使われるか使われないかは事実に照らして、そのときの大臣が判断をする〉

翌九日の予算委員会でも高市総務大臣は「将来にわたって罰則規定を一切適用しないことまでは担保できない」と突っぱねたのである。安倍首相は一〇日になって同じ予算委員会で「政府や我が党が、高圧的に言論を弾圧しようとしているイメージを印象づけようとしているが全くの間違いだ。安倍政権こそ、与党こそ、言論の自由を大切にしている」と反論している。

■政府統一見解「政治的公平の解釈について」

総務省は一二日になって、「政治的公平の解釈について」(政府統一見解)というタイトルの文書を作成し、公表している。その内容は、総務省が従来「適合性の判断に当たっては、一つの番組ではなく、放送事業者の『番組全体を見て判断する』」としてきた解釈に加え、「『番組全体』は『一つ一つの番組の集合体』であり、一つ一つの番組を見て、全体を判断することは当然のことである」とした。これはわかりにくい表現だが、どういうことかというと、ある問題をめぐって取り上げた場合、一つの番組内だけでバランスを取ろうとすると、放送時間の制約もあって難しい。しかし、シリーズ全体を通して見れば全体としてバランスの取れた番組になっていれば政治的な公平にかなっているのではないか、という論理である。これが従来の解釈とされてきたものであるが、今回は「一つ一つの番組を見る」とこれまでよりも踏み込んだ表現となっている。

「政府統一見解」は、政治的公平を欠くとはどういう放送なのかについて具体的な例を示している。それは、

(1) 選挙期間中又はそれに近接する期間において、殊更に特定の候補や候補予定者のみを相当の時間にわたり取り上げる特別番組を放送した場合

(2) 国論を二分するような政治課題について、放送事業者が、一方の政治的見解を取り上げて、それを支持する内容を相当の期間にわたり繰り返す番組を放送した場合

——と明らかにした。

総務省による再三の要請を無視して繰り返された場合は、電波法七六条に基づく三カ月以内の無線局の運用停止を命じることができるというわけだ。

こうした政府の解釈に対しては当然、批判が相次いだ。

民放の現場の記者などでつくる日本民間放送労働組合連合会（民放労連、赤塚オホロ委員長）はすぐに反応した。一〇日、「高市総務相の『停波発言』に抗議し、その撤回を求める」との声明を発表した。その中で、「電波法の停波規定まで持ち出して放送番組の内容に介入しようとするのは、放送局に対する威嚇・恫喝以外の何ものでもない。憲法が保障する表現の自由、放送法が保障する番組編集の自由に照らして、今回の高市発言は明らかな法解釈の誤りであり、速やかな撤回を求める」と反発した。民放労連は高市総務大

臣に対して公開質問状を提出。総務大臣は撤回を拒んだため、三月九日には高市総務大臣の辞任を求める声明を発表するまでに至った。赤塚委員長は、三月一九日に東京都内で開かれた、メディア総合研究所（東京都新宿区）主催のシンポジウムで、「自分（高市総務大臣）はやらないが後の大臣は（停波命令を）やるかもしれないというのは、たとえは悪いがまるで暴力団の脅しのようだ」と批判した。

二月一三日、TBSの看板番組「報道特集」では、キャスターの金平茂紀氏が冒頭で「高市総務大臣が国会でテレビ局の電波停止の可能性に言及しました。表現の自由の確保を狙った放送法の精神をどこまで理解しているのか疑問の声が上がっています。こんな脅しのような発言が大臣の口から出ること自体、時代が悪い方向に進んでいることの証しではないでしょうか」と痛烈に批判した。

こうした事態に新聞界はどのような立場だったのかを社説で見てみたい。

見出しを拾い出してみると、全国紙の朝日「放送の自律　威圧も萎縮も無縁に」（二月一〇日）、毎日「総務相発言　何のための威嚇なのか」（二月一〇日）、読売「高市総務相発言　放送局の自律と公正が基本だ」（二月一四日）。一方、地方紙・ブロック紙はどうか。信濃毎日「電波停止発言　知る権利を侵害する」（二月一〇日）、北海道「放送の公平性　政府が判断することか」（二月一一日）、河北新報「電波停止の可能性　総務相発言、容認できぬ」（二月一一日）、東京（中日）「『電波停止』発言　放送はだれのものか」（二月一六日）、西日本新聞「総務相発言　表現の自由に対する威圧」（二月一一日）、沖縄タイムス「『電波停止』発言　放送への露骨な威圧だ」（二月一一日）、琉球新報「総務相『停波』発言　報道への介入をやめよ」（二月一一日）。

一見して分かるのは、全国紙が全体に高市総務大臣の発言も問題だが、放送局も公正に報道してほしいというバランスを取ろうとするように見えることだ。これに対して、地方紙・ブロック紙は、歯切れの良い高市発言批判である。示し合わせたわけではないだろうが、社説の論調に報道の自由をめぐってさえも、ある種の「分断」の兆しが見えている。

■NHKに対する厳重注意

放送法四条をめぐる停波発言については伏線があった。二〇一五年四月二八日に、高市総務大臣はNHKに対して厳重注意を行った。いわゆる行政指導である。後述するが、「出家詐欺」問題を取り上げたNHKの報道番組「クローズアップ現代」などで発覚した〝やらせ疑惑〟に対して、「報道は事実をまげないですること」と定めた四条に反するというわけである。停波という行政処分ではなく、行政指導であっても、これは立派な放送内容への介入である。行政指導は二〇〇九年九月に発足した民主党政権下では約三年三カ月の間、行われなかった。それ以前の自民党政権時代、特に第一次安倍政権時代（二〇〇六年九月〜〇七年九月）は乱発と言ってよいほど行われた放送番組介入の再開だった。総務大臣名では〇七年以来である。

これに対して、テレビ・ラジオなどの放送界が設けた自主的な第三者機関である「放送倫理・番組向上機構」（BPO）の「放送倫理検証委員会」は半年ほど後の一五年一一月六日、総務大臣に向けて「これらの条項（四条など）は、放送事業者が自らを律するための『倫理規範』であり、総務大臣が個々の放送番組の内容に介入する根拠ではない」と指摘し、「これらの規定が番組内容を制限する法規範だとすると、それは表現内容を理由とする法規制であり、あまりにも広汎で漠然とした規定で表現の自由を制限するものとして、憲法二一条違反のそしりを免れない。行政指導という手法により政府が介入することは、放送法が保障する『自律』を侵害する行為そのもの」と断じた。倫理規範だからこそ合憲であるという立場である。

放送法四条の解釈をめぐる、放送界側と高市総務大臣の対立は、緊張が増してきていたのである。

ＢＰＯのこうした意見に対して、日本民間放送連盟（民放連）の井上弘会長（ＴＢＳ会長）は一一月一九日の記者会見でこう述べた。「一般論として申しあげれば、番組内容に関わる行政指導は望ましくないと従来から主張している。政権与党に限らず、政党が個別の事業者を呼んで番組に関することを聞くのは、やめてほしいと思う。そういった場合には、個別社の事情もあるが、民放連を呼んでもらいたいというのが基本姿勢だ。過去に申しあげているとおりである」。井上会長は、放送法四条をめぐる問題にも言及している。「倫理規定かどうかについては、さまざまな解釈があるが、個人的な意見としては、法律は必要にして最小限度の規定を行うものであり、倫理規定の方が幅が広い。その意味では、ＢＰＯの各委員会はその幅広の倫理的な部分についても判断を下してくれているものと思う。したがって、ＢＰＯの各委員会の意見を尊重し、真摯に対応していれば、基本的に放送法に触れるようなことが起きることはないと思っている」。ＢＰＯの解釈を支持したと受け取れなくもないが、当事者からの発言としては、かなりはがゆい。経営者というのはこうも放送免許の交付権限を握る総務大臣の顔色を窺うものなのだろうか。

一方、ＮＨＫの籾井勝人会長はどうか。一二月三日の定例記者会見で四月一七日にあった自民党による事情聴取については「我々の中間報告（筆者注「出家詐欺」の番組をめぐるやらせ疑惑に関する内部調査の途中経過を記した内容）を説明に行っただけ。番組についてプレッシャーを受けたことはない。圧力と取られるのは考えすぎだ」。総務大臣による行政指導については「行政指導を受けるようなことになってしまったこと自体が問題」とした。

籾井会長には「放送介入」という概念が頭の中にあるのだろうか。

高市総務大臣は、自分のホームページのコラム（二月一四日付）でこの間のことについて次のように記している。

〈民主党議員から質問された「電波法」について、「既存の条文が適用される可能性が、将来に渡ってまで全く無いわけではない」という趣旨の答弁をしたばかりに「放送業界の敵」みたいな存在になってしまって、ニュース番組からバラエティ番組まで大のテレビ好きである私は残念でなりません。法治国家である日本ですから、既に法律に規定されている内容を所管大臣が完全否定するわけにもいかず、『将来に渡って、適用される事態が決して起こらないこと』を願うしかありません〉

高市総務大臣の停波発言に対して、菅義偉官房長官は「従来通りの一般論を答えたものだ」と述べている。先に記したように第一次安倍政権では、放送局に対する行政指導が乱発されていたが、その張本人が当時、総務大臣だった菅官房長官なのだ。菅官房長官が高市発言を問題視などするわけがない。総務省（旧郵政省を含む）による行政指導は、記録がある一九八五年から二〇一五年までで三六件（八五年はテレビ朝日系ワイドショーのアフタヌーンショーで中学生による、やらせリンチ事件が発覚し、社会問題化。番組は打ち切りとなった）。このうち八件がわずか一年ほどの第一次安倍政権時代に集中しているのである。異常な数だ。

高市総務大臣は「停波発言」を追及する民主党だって同じ解釈を答弁しているではないかと言及している。確かに菅直人政権だった二〇一〇年に平岡秀夫総務副大臣が参院総務委員会で同様の発言をしているが、民主党政権は、三年三カ月の間、行政指導を一件もしていない。安倍政権とは根本的に異なる姿勢だった。高市総務大臣の反論が説得力を欠くのも安倍政権にはこうした過去があるからである。

「停波発言」の狙いが放送局に対する威嚇効果であることは明らかだろう。かつて総務大臣だった時に菅官房長官は、虚偽の内容の放送をした放送局に対して、総務大臣が再発防止計画の提出を求めることができる権限を創設しようとした。番組内容に直接かかわる行政処分だ。最終的には虚偽かどうかの判断を総務大臣がすることになる。実際に放送法改正案は国会に提出されるところまで行ったのである。その際、野党や放送界から批判が上がり、菅長官はどのような見解を示したのか。「ＢＰＯによる取り組みが機能していると認められる間は、適用しないこととする」とし、その狙いを「抜かずの宝刀」と述べた。高市氏の停波発言もそれと同根である。

さすがに停波発言については与党内からも問題視する声が上がったようだ。公明党の井上義久幹事長は高市総務大臣に対して、「担当大臣が繰り返し言うことが、別の効果をもたらす可能性もある」と苦言を呈したという報道があった。しかし、公明党がお目付役というわけではない。自民党が威嚇を繰り返し、それを連立パートナーの公明党が諌める姿勢を示す。しかし、両党とも狙いは同じ——という構図だろう。

■「私たちは怒っている」

二月二九日になって、報道番組を担当している著名なキャスター六人が記者会見して、高市氏の停波発言を批判した。民放労連という労働組合からは上がっていたが、ようやく放送番組の制作現場からも動きが出てきた。発表した声明のタイトルは「私たちは怒っている」。声明は「私たちは一連の発言に驚き、そして怒っている。そもそも公共放送にあずかる放送局の電波は、国民のものであって、所管する省庁のものではない。所管大臣の『判断』で電波停止などという行政処分が可能であるなどという認識は『放送による表現の自由を確保すること』『放送が健全な民主主義の発達に資するようにすること』をうたった放送法（第一条）の精神に著しく反するものである」と断じた。しかし、その声明の呼びかけ人七人の顔ぶれを見ると、鳥越俊太郎（毎日新聞出身）、田原総一朗（テレビ東京出身）、岸井成格（毎日新聞出身）、金平茂紀（TBS）、大谷昭宏（読売新聞出身）、青木理（共同通信出身）、田勢康弘（日経新聞出身）。残念ながら、七人のうち当時はTBSの執行役員だった金平氏を除く六人は、現役でなく民放OBや新聞・通信界出身者なのである。しかも、NHKはいない。放送の第一線にはもっといるだろうにと残念に思うのは筆者だけではないだろう。

しかし、この停波発言では経営者の反応は鈍いように映る。総務省による行政指導について「番組に関することを聞く場合は民放連を呼んでほしい」と述べた井上会長はどのように受け止めたのか。三月一七日の記者会見で次のように述べている。

「放送は、災害や大事故が発生したときに、情報をただちに広く伝達するという社会的使命を有している。それを考えると、行政が電波を停止させるといった事態は、あってはならないと考えている。放送というものは、例えれば森のようなもので、その中には曲がったものなどいろいろな木があり、それが集まって、私たちを楽しませてくれる森を形成している。個々の木だけを見て森全体を見ない、ということではなく、全体を見て判断していただきたい」

高市総務大臣の停波発言に対して抗議する６人のテレビキャスター。青木理、大谷昭宏、金平茂紀、岸井成格、田原総一朗、鳥越俊太郎の各氏（左から）＝2016年２月29日、東京都千代田区で。撮影・岩崎貞明『放送レポート』編集長。

放送の現場から怒りや懸念の声が上がる中で、森と木の例えを持ち出すなどなんとも歯がゆい態度ではないだろうか。記者会見では「高市総務大臣の発言によって萎縮しかねない雰囲気が、報道現場に広がっているのではないか」との質問にも、井上会長の発言は「一連の議論の中で、視聴者の存在という点が抜け落ちているように感じる。放送法の解釈とは別の視点だが、あまりに不公平な番組を放送すれば、視聴者は離れていってしまう。常に視聴者のことを考えて番組を制作していれば、現場は萎縮などしないのではないか」「私は、自分の会社では常々、単眼ではなく複眼で物事を見るように求めてきた。自分たちは広い視野でこう考えて番組を作ったと、きちんと説明できれば問題ないのではないか」と続く。安倍首相や菅官房長官、高市総務大臣は、大喜びしたのではないだろうか。

民主党の奥野議員は「この（安倍）政権になってから行政指導も復活した。個別の番組についても政治的公平性を問われると解釈の変更もした。こういったことがキャスターのみなさんの交代ということにつながっていないかと危惧する」と質問を締めくくった。

放送法四条違反を根拠にした行政指導や停波問題では、この条文の性格付けが議論になってきたことは既に述べた。

放送法四条は、放送事業者が自律的に番組を編集する際の基準である「倫理規範」とする放送の現場の人たちや研究者の解釈と、行政処分の根拠となる法規範とする政府解釈の対立だ。これまで四条違反による電波の停止命令は出たことはなく裁判所の憲法判断を仰ぐ機会はなかった。

安倍政権は、監督大臣が行政指導することは当然のことだと考えているようだ。これは一般視聴者の中にもこの解釈を妥当と考えている人がいるからかもしれない。しかし、こうしたことを考えている政府は国際的には極めて少数だということをまず知るべきであろう。

なぜならば、日本のように放送行政を大臣が直接所管する仕組み自体が異例なのである。同じような仕組みを採用しているのは、言論統制が厳しい北朝鮮や中国、ロシア、ベトナムあたりだろうか。民主主義を標榜する国では例えば、米国は「連邦通信委員会」（ＦＣＣ）、英国は「放送通信庁」（ＯＦＣＯＭ）のように政府から一定の独立性を持った機関が放送行政を担っている。

これは時の政権による放送支配を排除しようとする発想が背景にあり、日本も放送法が一九五〇年に連合国軍による占領下に成立した時点では、電波監理委員会が放送行政を担った。しかし、五二年に独立すると、吉田茂政権は即座に廃止し、旧郵政省が所管することになった。そうした経緯から長く郵政省は、「番組の内部に立ち至ることはできない。放送法違反という理由で行政処分をすることは事実上不可能」という方針を貫いてきた。

この解釈が大きく転換したのは一九九三年だ。テレビ朝日の報道局長が日本民間放送連盟（民放連）の会合で「非自民党政権を成立させる手助けとなるような報道をした」と発言、これが政治問題化したことに関係している。民放労連の先に示した声明は「このような放送局への威嚇が機能してしまうのは、先進諸国では例外的な直接免許制による放送行政が続いていることが背景となっている。この機会に、放送制度の抜本的な見直しも求めたい」と訴えた。政権が代わると行政指導がなくなったり、反対に急に増えたりするのは、法の運用としてあきらかにおかしい。

国連人権委員会が任命した特別報告者が二〇一六年春に来日した。デビッド・ケイ米カリフォルニア大学（アーバイン校）教授である。表現の自由に関する日本への国連の調査は初めて。調査を終えたケイ氏は日本外国特派員協会（東京・有楽町）で四月一九日に記者会見し、高市総務大臣の停波発言に「日本の報道機関の独立性が深刻な脅威にさらされていることを憂慮する」との考えを表明した。そして、総務省が所管している放送行政について政府ではなく、独立行政機関が所管すべきだとの考えを示した。ケイ氏が出した暫定報告書（声明）では「政府は現行法を見直し、特に四条を廃止して報道規制をやめるよう提案したい」と記載した。一七年に正式な勧告をするという。

これに対して、日本政府は当然反発した。岸田文雄外務大臣は翌二〇日の衆院外務委員会で「丁寧に説明したが（声明に）十分に反映されておらず遺憾だ。報告書が客観的かつ事実に基づくものになるよう申し入れたい」と答弁している。

高市総務大臣が設けた「放送を巡る諸課題に関する検討会」が一六年七月にまとめた「第一次とりまとめ」には、国際的に波紋を広げた「停波発言」に典型的に見られる放送局への介入が論点として欠けていた。一方、『放送レポート』を発行するメディア総合研究所は「放送における『表現の自由』がより拡大される方向で検討されるべきであり、今後、このテーマを検討に加えることを求める」との意見書を総務省に提出した。放送を巡る諸課題にふさわしい論点であろう。高市総務大臣にはぜひ、検討をお願いしたいものである。

■「アベコレ」発言

「六割の企業が賃上げをしているんですから、その声が反映されていませんが、これ、おかしいじゃないですか」。

安倍晋三首相があからさまに批判し、不満をぶちまけたのは、二〇一四年一一月一八日に放送されたTBSの報道番組「NEWS23」に出演したときだった。

自民党は、二〇〇九年夏の総選挙で民主党に渡した政権を二〇一二年冬に奪還してから約二年。安倍首相自らがテレビ番組に出演したこの日、国民に信を問うことを表明し、政局は年末の総選挙（一二月二日公示・一四日投開票）に向けて一気に走り出していた最中であった。

焦点の一つはもちろん、「アベノミクス」に対する評価だ。安倍政権の目玉政策である、円安・株高を誘導した大胆な金融緩和策は、国民から信任を得ることができるのか。番組は、安倍首相が岸井成格氏や膳場貴子さんらのインタビューに答える形で進み、テレビ画面の右上と左下の二カ所には「生出演　安倍首相に問う　総選挙の狙い」「成功？失敗　〝アベノミクス〟」といったテロップが表示されていた。

TBSの報道番組に生出演した安倍首相。

安倍首相が「これ、おかしい」とかみついたのは、TBSが東京・有楽町と大阪駅前の街頭で一般の人々にインタビューした、いわゆる「街の声」の内容だ。そうした街の声の紹介を受けて安倍首相に感想を求めるという段取りだったとみられる。番組で紹介した街の声は大要、次のようだった。

男性（東京）「誰が儲かっているんですかね。僕はぜんぜん恩恵を受けていない」

男性（同）「景気が良くなったとはあんまり思わない」

男性（同）「今のまんまではね。景気も悪い」

男性（大阪）「株価とかそういうのも上がってきている。まったく効果がなかったというわけではなくて効果はあったかな」

女性（同）「ぜんぜん、アベノミクスは感じていない」

女性（同）「わからへんよね。たぶん、大企業しかわからんちゃうかな」

アベノミクスに対する否定的な声が並んだことから、安倍首相が反射的にかみついた時に発した言葉が冒頭の「アベコレ発言」だった（「アベコレ発言」は、この発言が安倍政権とメディアの特殊な蜜月関係に終止符を打つ転換点となったことから、筆者が勝手に命名した）。

安倍首相の発言は「これはですね、街の声ですからみなさん（TBS）で選んでいるかもしれませんよ。これおかしいじゃないですか」にとどまらず、

「国民総所得は政権を取る前は四〇兆円減少しているが政権を取ってからプラスになっている」

「中小企業の方々が名前を出してテレビで『儲かっている』と言うのは相当勇気がいる」

「株価が上がり、年金運用は二〇兆円プラスになっている」

「株価が上がっているということは国民生活にとってプラス」

「倒産件数は二四年間で最も低い水準」

――と大演説が続いた。

TBSは、安倍首相に十分過ぎるほどの反論の時間を与えていると思うが、とにかく意に沿わない批判の声が放送されたことが気にくわなかったのだろう。反撃は生放送中だけにとどまらなかった。

自民党は放送から二日後の二〇日、永田町の党本部で各局の担当記者らに、萩生田光一・党筆頭副幹事長（東京二四区）、福井照報道局長（比例四国ブロック）の名前で編成局長、報道局長宛の文書「選挙時期における報道の公平中立ならびに公正の確保についてのお願い」を渡した。安倍首相が衆院を解散したのは、この翌日の二一日午後だった。

平成26年11月20日

在京テレビキー局各社
編成局長 殿
報道局長 殿

自由民主党
筆頭副幹事長 萩生田 光一
報道局長 福井 照

選挙時期における報道の公平中立ならびに公正の確保についてのお願い

日頃より大変お世話になっております。

さて、ご承知の通り、衆議院は明21日に解散され、総選挙が12月2日公示、14日投開票の予定で挙行される見通しとなっております。

つきましては、公平中立、公正を旨とする報道各社の皆様にこちらからあらためてお願い申し上げるのも不遜とは存じますが、これから選挙が行われるまでの期間におきましては、さらに一層の公平中立、公正な報道姿勢にご留意いただきたくお願い申し上げます。

特に、衆議院選挙は短期間であり、報道の内容が選挙の帰趨に大きく影響しかねないことは皆様もご理解いただけるところと存じます。また、過去においては、具体名は差し控えますが、あるテレビ局が政権交代実現を画策して偏向報道を行い、それを事実として認めて誇り、大きな社会問題となった事例も現実にあったところです。

したがいまして、私どもとしては、

・出演者の発言回数及び時間等については公平を期していただきたいこと
・ゲスト出演者等の選定についても公平中立、公正を期していただきたいこと
・テーマについて特定の立場から特定政党出演者への意見の集中などがないよう、公平中立、公正を期していただきたいこと
・街角インタビュー、資料映像等で一方的な意見に偏る、あるいは特定の政治的立場が強調されることのないよう、公平中立、公正を期していただきたいこと

――等について特段のご配慮をいただきたく、お願い申しあげる次第です。

以上、ご無礼の段、ご容赦賜り、何とぞよろしくお願い申し上げます。

衆院選報道に絡み、自民党が放送局に出したお願い文書

「お願い」の主な内容は、

〈衆議院選挙は短期間であり、報道の内容が選挙の帰趨に大きく影響しかねないことは皆様もご理解いただけるところと存じます。また、過去においては、具体名は差し控えますが、あるテレビ局が政権交代実現を画策して偏向報道を行い、それを事実として認めて誇り《ママ》、大きな社会問題となった事例も現実にあったところです〉

と前置きした上で、次のような具体的な内容について「特段のご配慮」を要請した。

・出演者の発言回数及び時間等については公平を期していただきたいこと
・ゲスト出演者等の選定についても公平中立、公正を期していただきたいこと
・テーマについて特定の立場から特定政党出演者への意見の集中などがないよう、公平中立、公正を期していただきたいこと
・街頭インタビュー、資料映像等で一方的な意見に偏る、あるいは特定の政治的立場が強調されることのないよう、公平中立、公正を期していただきたいこと

この時の様子をＴＢＳ「報道特集」のキャスター、金平茂紀氏が『Ｊｏｕｒｎａｌｉｓｍ』（二〇一五年二月号、朝日新聞社）に「テレビの選挙報道はどこへ行くのか　投票率より視聴率が大事？」とする論考を寄稿している。当事者の側の証言だけに興味深い内容なので、一部を引用したい。

〈筆者が取材した限り、在京民放キー局（日本テレビ、ＴＢＳ、テレビ朝日、フジテレビ、テレビ東京）の

平河クラブ・キャップが個別に幹事長室の奥の部屋に呼び出され、その一人ひとりに萩生田光一自民党副幹事長らから、当該文書が手渡されたのである。一一月二〇日の午前一一時四〇分頃のことである。部屋には他に二人の自民党幹部が立ち会っていた。複数のルートで取材をしたが、外形的な事実関係はほぼ同じだった。その際に、副幹事長からは、文書を手交するにあたって理由めいた説明もあったという。

説明内容のニュアンスは、各局間で多少異なっていたが、「先日、ある局の報道番組に総理が出演した際に、街の声として偏った内容のＶＴＲが放送され総理も気にされていた。政権与党として、こういう文書を出すのもどうかと思ったが、お話ししたケースも含めいろいろとあったので、今回このようなお願いをする次第です」。順番は、日テレ→ＴＢＳ→フジ→テレビ朝日→テレビ東京の順番。各局キャップの反応はさまざまだったという〉

平河クラブというのは、自民党の取材を担当する報道各社の記者で構成する任意組織である記者クラブの一つだ。「平河」という名前の由来は、この記者クラブの取材拠点が自民党本部の一角にあり、その所在地が東京都千代田区平河町であることにある。キャップというのは、こうした取材現場にいながら、担当記者を束ねる責任者の立場にある記者を指すことが多い。記者たちはどう受け止めたのか。金平氏は「各局キャップの反応はさまざまだったという」と表現した。どうさまざまだったのか。

〈メディアに対する過剰な反応をみせる現政権の姿勢にうんざりという向きもあれば、これは大変だとばかり、すぐに政治部長に報告した記者もいたようだ。文書はキャップらから各局本社にすぐに送付され、宛名通り、編成局長、報道局長のもとにも届けられた〉

「うんざり」という表現は、安倍政権がテレビ局などのマスメディアによる報道にイチイチ注文を付けるのはこの時が初めてというわけではなく、日常茶飯事の出来事であるということを指している。実際筆者の周辺にもこのような文書に限らず、「官邸」あるいは「平河町」筋から報道内容に対する説明や回答を求められることにそれこそ「うんざり」している関係者がいた。

政府や与党が報道機関に対して繰り返し干渉する権限はあるのだろうか。放送法は三条で「放送番組は、法律に定める権限に基づく場合でなければ、何人からも干渉され、又は規律されることがない」と定めているが、実態としては、この規定は空文化しているのである。

■消えた街頭インタビュー

ところでこの自民党からの文書が、総選挙に与えた影響は小さくなかったようなのだ。やはり、『Journalism』(二〇一五年一〇月号)にあった水島宏明・上智大教授の論考「テレビ報道の〝強み〟を封じた安倍自民『抗議文』『要望書』で音声も消えた」が、二〇一四年のテレビの総選挙報道に関する分析をしている。

〈テレビにとって「街頭インタビュー」は人々の感じ方や考え方、流行等を伝える大事なツールだ。ところが一四年の総選挙では自民党の「要望書」が出された後、街頭インタビューは、一部のテレビ局や一部の番組を除き、多くの番組で姿を消した。典型例が日本テレビだ。日テレは一二年の総選挙では情報番組「スッキリ!!」と情報番組「NEWS ZERO」で街頭インタビューを使っていたが、一四年は系列の読売テレビが制作する「情報ライブ ミヤネ屋」を除いて自局制作の番組で街頭インタビューを一切使っていない〉。街頭インタビューを慎重に流すというのではなく、それを飛び越えて一気に街頭インタビューそのものが消えてしまったというわけだ。

一方、この要望書の問題よりは半年ほど前の時期にあたるが、NHKの籾井勝人会長は一四年五月一六日の記者会見で街頭インタビューに関する考えを述べている。消費税率の引き上げを取り上げたニュースに関連したもので、「街頭の意見は誤解を与える部分もある。『(税率が)上がったから困る』とか、感覚的な意見が多い。それを見て『やっぱりダメだ』と思われる方が多くなるので、やめた方がいい」と述べている。安倍首相はじめ自民党の先取りとも言える発言である。

現職の首相が生出演中に報道内容に注文を付けるという異例のアベコレ発言問題は、国会でも取り上げられた。翌二〇一五年三月三日の衆院予算委員会で民主党の大串博志氏が「個別の報道の取り上げ方についてその場でおかしいというのは問題だ」と質した。

これに対して、安倍首相は「前提として、いったい何人に聞いたのか。不偏不党な放送をしてもらいたいのは当然だ。私の疑問を国民に投げかけた。それが正しいかどうかも含め選挙で審判を受けた」と反論した。大串氏がさらに「報道への介入と言われても仕方のない発言だ」と追及したことについても「私が考えを述べるのは、言論の自由だ。何の問題もない」と質疑は全くかみ合わなかった。安倍首相は自分にも言論の自由があるということを言いたいのだろうが、憲法二一条(集会、結社及び言論、出版その他一切の表現の自由は、これを保障する)はまさに今回のような介入から守るためにあるのだという認識がないに違いない。そうでなければ出るはずのない発言である。

なお、文書には「あるテレビ局が政権交代実現を画策して偏向報道を行い」という記述がある。これは、一九九三年七月の衆院選での報道を指すと見られる。この選挙では自民党の獲得議席は過半数を割り、日本新党代表の細川護熙氏を首班とする非自民政権が誕生するという政治史に残る政権交代があった。この年の秋に産経新聞は、報道界だけにとどまらない社会的な論議を巻き起こす一本の記事を一面に六段見出しで掲載した。テレビ朝日幹部の椿貞良報道局長が九月二一日にあった日本民間放送連盟（民放連）の放送番組調査会の席上、「非自民政権が生まれるように報道するよう指示した」「五五年体制を崩壊させる役割をわれわれは果たした」と語ったと報じたのである（一〇月一三日朝刊）。いわゆる「椿発言」である。

もし、椿報道局長の指示通りの内容となった選挙報道であったとすれば、米国の新聞のように大統領選のたび支持候補を表明する報道文化とは異なり、日本では報道機関はどの政党や候補者に対しても距離を置くことを求められており、メディア史に残る大スキャンダルである。放送法四条（当時は三条の二）には「政治的に公平であること」との定めがあり、こうした放送倫理にも反するからである。今日、「椿発言問題」や「椿事件」と言った呼び名で語られるが、放送史に残るこの問題の本質は、初めて放送人が国会に証人喚問されるという異常な事態に発展した政治介入であり、政府が放送法の解釈を変更してまで放送番組の内容に介入できる足がかりになった点であろう。しかもこの時期は、テレビ朝日の放送免許（有効期間は五年）が一〇月末で切れるという再免許交付とも重なっていたことから、非自民党政権下であったとは言え、政治家がトップの大臣を務める郵政省が、こうした放送倫理上の問題を再免許に絡めたという点でも行政による放送介入であった。再免許に当たり、放送法に違反する事実が認められればその時点で改めて必要な措置を講じる、との条件をつけたのである。そして、郵政省は介入できる根拠を作るためにわざわざ解釈の変更を行った。江川晃正・郵政省放送行政局長は衆院逓信委員会（一〇月二七日）で次のように答弁した。

「政治的公正をだれが判断するのかというところでございますが、これは最終的には郵政省において、そのこと自身の政治的公正であったかないかについては判断するということでございます。ただ、その判断材料につきましては、放送番組の編集に当たっては自主性をたっとぶという立場にございますので、まず、放送事業者において、我が番組における公正さというものを説明してもらう、それを受けて我々が判断するというふうにしているところでございます」

それでは実際のテレビ朝日の選挙報道はどうだったのか。テレ朝は期間中のすべての番組をチェックし、放送時間の比較などを行ったが非自民党政権に偏った放送はなかったとの結論を出し、一九九四年八月に郵政省に報告し、同省も了解した。つまり、結局、政治的公平に反するような番組はなかったのである。

これを受け、郵政省は同年九月、テレビ朝日に対して郵政大臣名の厳重注意という行政指導を行った。政治的公平性に違反した放送を行ったと疑われる発言をしたことに対する再発防止に向けた取り組み状況などの報告を求めた。非公開のしかも業界内での場であったとはいえ、個人的な願望だったかも知れない発言を行った椿氏の落ち度は免れないだろう。しかし、これが果たして証人喚問に値するような行為だったと言えるのだろうか。

自民党の「お願い文書」の問題に戻るが、この中に「椿発言」を連想させる表現を盛り込んだのは、威嚇効果を狙ったとしか言いようがない＝自民党は一一月二六日には、アベノミクス効果を取り上げたテレビ朝日の「報道ステーション」（一一月二四日放送）の担当プロデューサーに「公平中立な番組作成」を文書で要請している。

実は、自民党が同じＴＢＳの「ＮＷＥＳ23」に圧力をかけたのは、これが初めてではない。二〇一三年の参院選の直前に起きた。この時も選挙が絡んでいた。

「ＮＥＷＳ23」（六月二六日放送）が、通常国会の閉会を伝える関連ニュースとして、重要法案の廃案を取り上げた内容について「公正公平が求められるべき報道番組を通してわが党へのマイナスイメージを巧妙に浮き出させた。看過できない」などとして、自民党は七月四日の公示日、党役員会出席メンバーがＴＢＳの取材や番組出演を拒否すると発表したのである。

具体的にどんなことがあったのか。自民党が腹を立てたのは、生活保護法案や生活困窮者支援法案など廃案になった重要法案の中でも電気通信事業法の改正案に関しての報道だった。この改正案は、発送電分離など電力システムの改革を目指したものだ。しかし、参院で野党が提出した安倍首相に対する問責決議案の採決が優先された結果、改正案が廃案になってしまった。改正案の扱いについて、自然エネルギー財団の大林ミカ氏が「政争の道具にされてしまった。問責決議案の前に採決しようという動きがあったわけですから、（与党は）もしかしたら法案を通す気がなかった。非常に残念だ」という趣旨のコメントを放送したことを問題視したのだった。

自民党が小此木八郎・筆頭副幹事長名でＴＢＳの西野智彦報道局長宛に出した六月二七日付の「報道内容に対する抗議」文書では、「百歩譲っても民主党など片方の主張にのみ与したものだ。問題は公正公平が求められるべき報道番組のつくり方に対する貴社の姿勢だ」と批判していた。ＴＢＳ側は「個々の報道内容を構成するパーツはすべて事実であり、全体を通して見てもらえば公正公平を欠いていない」などと説明したというが納得できなかったのだという。ところが、自民党が取材拒否を公表した翌日には一転して取材拒否が解除となった。TBSは、西野智彦報道局長名による回答文書を石破茂幹事長宛てに提出。安倍首相はBSフジの番組の中で、「事実上の謝罪をしてもらったので、この問題は決着した」などと述べたのだった。

安倍首相を巡っては、幹事長だった二〇〇三年の衆院選でも「公平公正を欠いた」などと同様の理由で拒否したことが思い出される。後述するが、選挙中の一一月にテレビ朝日の報道番組「ニュースステーション」で民主党政権が誕生した場合の主要閣僚を取り上げたことに対して、自民党は出演拒否を決めた。幹部以外の議員にも広がった拒否は、翌〇四年まで長引いた。安倍氏は当時、記者会見で「偏向・不公正な報道が再び行われた時には、出演自粛を再開することもあり得る」と言及している。この方針が、一〇年後も継続していたということになるのだろうか。

■メディアは「もはや恐るるに足らず」

筆者が安倍首相のこの「アベコレ」発言を聞いたときに抱いた感想は、「第二次安倍政権とメディアとの表面上の蜜月も終わりに近づきつつあるな」というものだった。

第一次安倍政権（二〇〇六年九月〜〇七年九月）時代に、マスメディア嫌いで知られる安倍首相は、テレビ局への再三の行政指導や法規制をちらつかせるなどしてメディアへの圧力を強め、政権とメディアとの間には大きな軋轢が生じた経緯がある。

第二次政権発足に際し、安倍首相がどのような手法でメディア規制を進めるのかに、警戒と関心が向けられた。ところがふたを開けてみると拍子抜けするほどの蜜月ぶりであった。繰り返されるテレビや新聞の経営トップとの会食は、視聴者や読者らからメディア不信を招くほどであった。

読売新聞の政治面の隅に、安倍首相が誰と面会したかを掲載した「安倍首相の一日」という欄がある。同紙の記事データベースで報道関係者を検索してみた。すると、単純に比較はできないが例えば、読売グループ本社会長・主筆の渡辺恒雄氏は、第一次政権時代は七回、第二次では一五回登場する。フジテレビ会長の日枝久氏は一回と一二回。日本テレビ社長の大久保好男氏は、第二次で八回を数えた。日テレでは解説委員長の粕谷賢之氏が社長を超える一一回会っていたのは、取材も含まれていたのだろうか。

ちなみに毎日新聞社会長の朝比奈豊氏は第二次だけで七回、朝日新聞社の木村伊量前社長は二回、渡辺雅隆社長は〇回である＝二〇一七年一月六日現在。多くは会食を共にするケースだ。新聞発表されており、隠れてこそこそ会っているわけではないかもしれない。

しかしである。これほど、安倍政権のメディア政策は、安全運転だった。第一次との姿勢の違いに驚きを持って眺めていた二年間だったわけだが、それもいよいよ、終焉に近づいたと感じたのが「アベコベ発言」だったのである。それは同時にメディアを「もはや恐るるに足らず」と認識した瞬間でもあったように思う。

第2章　看板番組のキャスター三人が降板

■NHK「クローズアップ現代」

二〇一六年三月、報道番組に「異変」が起きた。看板キャスターだったNHK「クローズアップ現代」（クロ現）の国谷裕子氏、TBS「NEWS23」の岸井成格氏、テレビ朝日「報道ステーション」（報ステ）の古舘伊知郎氏の三人が相次いで降板したのである。各局とも春の番組改編時期に合わせた交代という体裁を取っており、「異変」という立場であるわけではもちろんない。しかし、放送史には間違いなく安倍政権による介入を背景にした「事件」として、刻まれることになるだろう。それぞれの番組をめぐり、安倍政権とメディアにどのようなことがあったのかを見ることから始めたい。

まずは、「クロ現」である。

いち早く打ち切りを報じたのは『週刊現代』だったかもしれない。それまで国谷氏の降板とともに噂は何度となく浮上してきたが、同誌は「スクープ」として二〇一五年一一月一四日号に「『クローズアップ現代』三月で打ち切り決定！」との記事を掲載した。「官邸に叱られたくないから」「反発する者はつぶす」との小見出しが並ぶ。匿名のNHK職員の話で始まるこの記事は「『クロ現』の打ち切りは一〇年ほど前から局内で取り沙汰されていました。それが安倍政権下になってから再燃し、具体化したということです。籾井勝人会長の側近は『報道番組の時間が短ければ、やらせのような不祥事も起こらないだろう』と話しています。政治のニュースも減るので、官邸からの『お叱り』もなくなる」との言葉を紹介している。

「お叱り」とは何なのか。それは、そもそもは二〇一四年七月にまで遡る。安倍政権は、一九七二年の政府見解にあるように、これまで否定してきた、他国への武力攻撃に対して実力を持って排除する「集団的自衛権」の解釈を変更して、その行使を認める閣議決定を七月一日に行った。同番組は三日、菅義偉官房長官をゲストにこの問題を取り上げた。閣議決定直後の放送だけに注目度が高かった。

「わが国をとりまく安全保障の環境というものは極めて厳しい状況になっていることも事実だと思います。どこの国も一国だけで平和を守れる時代ではなくなってきた。日米同盟を強化することによって抑止力が高まり、わが国が武力行使をせざるをえなくなる状況は大幅に減少する」。

そう主張する菅氏に対して、国谷氏は率直に疑問を呈した。

「憲法の解釈を変えるということは日本の国のあり方を変えることにもつながるような変更だ。国際的な状況が変わったというだけで本当に変更してもいいのかという声もある」。

やりとりはおおむね次のように続く。

菅氏「逆に四二年間、そのままで本当に良かったかどうか。いま、従来の政府見解の基本的論理の枠内で、（中略）今回、閣議決定した」

国谷氏「第三国から見れば日本からの先制攻撃を受けたということになる。戦争というものは、自国の論理だけでは説明しきれない。どんな展開になるかわからないという危険を持っている」

菅氏「こちらから攻撃することはありえない」

国谷氏「しかし集団的自衛権を行使している中で、防護……」

菅氏「ですからそこは、最小限という三原則というしっかりした歯止めがありますからそこは当たらない」

国谷氏「しかし、そもそも解釈を変更したということに対する原則の部分での違和感や不安はどうやって払拭していくのか」

この質問に対して菅氏が「四二年間たって世の中が変わり、一国で平和を守る時代ではない」と既に述べた内容を繰り返し訴える中で番組は終わる。

こんな堂々巡りとも思える議論が番組終了間際まで繰り広げられた。

この時の心情を国谷氏は、総合月刊誌『世界』(二〇一六年五月号、岩波書店)への寄稿「インタビューという仕事 『クローズアップ現代』の二三年」で次のように語っている。

〈インタビュー部分は一四分ほど。安全保障にかかわる大きなテーマだったが与えられた時間は長くはなかった。私はこの憲法解釈の変更に、世論の中で漠然とした不安が広がっていることを強く意識していた。視聴者はいま政府に何を一番聞いてほしいのか。その思いを背に私は何にこだわるべきなのか〉

〈生放送における時間キープも当然キャスターの仕事であり私のミスだった。しかし、なぜあえて問い

を発してしまったのか。もっともっと聞いてほしいというテレビの向こう側の声を感じてしまったのだろうか〉

〈批判的な内容を挙げてのインタビューは、その批判そのものが聞き手の自身の意見だとみなされてしまい、番組は公平性を欠いているとの指摘もたびたび受ける。しかし、これまでも書いてきたが、聞くべきことはきちんと角度を変えて繰り返し聞く、とりわけ批判的な側面からインタビューをし、そのことによって事実を浮かび上がらせる、それがフェアなインタビューではないだろうか〉

二〇一六年三月に降板した国谷氏が初めて当時の心情を明かした。

そして、放送があった後、この番組が官邸の怒りを買った、と写真週刊誌『フライデー』（一四年七月二五日号）が次のように報じた。

〈番組は滞りなく終了した。だが、直後に異変は起こった。近くに待機していた秘書官が内容にクレームをつけたのだという〉

〈その数時間後、再び官邸サイドからNHK上層部に「君たちは現場のコントロールもできないのか」と抗議が入ったという。局上層部は『クロ現』制作部署に対して「誰が中心となってこんな番組作りをしたのか」「誰が国谷に『こんな質問をしろ』と指示を出したのか」という〝犯人捜し〟まで行ったというのだ〉

記事は、官邸サイドが想像以上に国谷さんの質問が厳しかったことなどに腹を立て、これに対して、NHKの籾井会長が菅官房長官に詫びを入れたというNHK関係者の話を掲載している。

菅氏は「ひどい記事だ」と記者会見で『フライデー』記事を全面的に否定した。真相はなおはっきりしないままだ。そして、風は官邸に吹いているのだろうか。翌一五年四月には意趣返しとも言えるような出来事が起きた。

■「出家詐欺」やらせ報道疑惑

「クロ現」では、大阪と京都の放送局が制作した「出家詐欺」を取り上げた「追跡〝出家詐欺〟〜狙われる宗教法人」を二〇一四年五月一四日に放送した。この番組で取り上げられた当事者の一人（後述するブローカー）が『週刊文春』の取材に応じ、同誌は翌一五年三月二六日号で、「NHK『クローズアップ現代』やらせ報道を告発する」とのタイトルで報道した。いわゆる「やらせ」疑惑の発覚だ。放送倫理・番組向上機構（BPO）の放送倫理検証委員会が審議入りした。同委員会が同年一一月六日に公表した「意見書」は、次のような実態を明らかにした。

〈番組は、檀家の減少などで苦しい台所事情にあったり、活動実態のない宗教法人が、多重債務者を出家させて戸籍名を変更することで債務者は別人として住宅ローンなど新たな借り入れが可能になるという詐欺事件を告発する内容だ。背景に宗教法人に多重債務者を紹介するブローカーの存在があり、番組のいわば〝特ダネ〟部分は、多重債務者がブローカーに出家の相談に事務所を訪れるという映像だ。ところがこの多重債務者は、大阪放送局の記者の長年の知人で、舞台となった事務所も債務者が管理を任されている部屋だった。さらにこのブローカーも債務者の紹介だったが、二人は一〇年来の知人でもあった。番組はこの債務者が事務所を訪ねて相談し、その後に事務所を後にするという流れになっているが、実際には撮影の前に市内のホテルで待ち合わせて現地に向かっており、撮影終了後は、居酒屋で打ち上げまでしていた。このブローカーは過去に出家詐欺にかかわっていたという裏付けもしなかった〉。

もともとは、近畿エリアを放送対象地域とした「かんさい熱視線」という番組での放送（一四年四月二五日）だけだったが、クローズアップ現代枠での全国放送となった経緯がある。ＢＰＯは「ブローカーの活動実態をはじめとして、事実とは著しく乖離した情報を数多く伝え、正確性に欠けている」などと指摘し、「重大な放送倫理違反があった」と結論づけた。

一方、ＮＨＫも堂元光副会長を委員長とする「クローズアップ現代」報道に関する調査委員会を設けて内部調査を行っている。外部委員として、山川洋一郎弁護士、宮川勝之弁護士、長谷部恭男・早稲田大学大学院教授の三人に依頼した。三人はどのような人物なのか。山川弁護士は、かつて日本を揺るがした、沖縄密約事件（一九七二年）で国家公務員法違反で起訴された西山太吉・元毎日新聞記者の弁護団に加わっていたなどメディア法関係に詳しい。宮川弁護士は、旧日本軍の従軍慰安婦を巡る番組改変問題で制作に協力した市民グループがＮＨＫを相手に損害賠償訴訟を起こした裁判のＮＨＫ側の弁護士の一人だ。長谷部教授は、特定秘密保護法案の国会審議で、自民党推薦の参考人として賛成意見を述べたり、安全保障関連法案では、憲法違反の考えを述べている。四月二八日に公表した最終調査報告書で、やらせについてはＮＨＫのガイドラインと照らし、「記者が意図的または故意に、架空の相談の場面を作り上げ、Ａ氏（ブローカー）とＢ氏（多重債務者）に演技をさせたとは言えず、『事実のねつ造につながるいわゆるやらせは行っていない』と判断する」と否定。そのうえで「自らに都合のよいシーンに仕立てようとしたのではないかという疑念を持たれかねず、不適切なものだった」「事実を伝えることよりも、決定的なシーンを撮

安倍官邸が NHK を土下座させたと報じる『フライデー』（2014 年 7 月 25 日号、講談社）（上）とやらせ疑惑を取り上げる『週刊文春』（2015 年 3 月 26 日号、文藝春秋）。

ったように印象付けることが優先され、ガイドラインが求める基本的な姿勢を逸脱した過剰な演出が行われた」「実際の取材過程と異なる編集が行われたことは、適切さを欠いていた」——と指摘した。

しかしこの番組は、NHKの調査報告書のような「不適切なもの」「過剰な演出」との表現にとどまるものだったと言えるのだろうか。この点に関してBPOの意見書（二〇一五年一一月）は、やらせとは断定しなかったものの、「ガイドラインにいう『いわゆるやらせ』の概念は視聴者の一般的な感覚とは距離があり、本来ならもっと深刻な問題を演出や編集の不適切さに矮小化することになってはいないかとの疑問を持たざるを得ない」と言及している。NHKはこの意見を公表当日に三回、報道番組で放送している。

「クローズアップ現代」も検証番組をNHKの最終報告の公表と同じ日（四月二八日）に放送し、番組の最後で国谷氏は「二二年間この番組が続いてきたのは、多くの視聴者の方々の信頼という支えがあったからこそであり、今回のことはそのことを損ねてしまいました。信頼を再び番組の支えとしていくためには一本、一本の番組を真摯な姿勢で制作し続けていくしかありません。いまその思いをいま改めて強くかみしています」と述べて、深々と頭を下げて、謝罪した。

こうした自主的な調査やその後の再発防止のためのNHKを含む放送界の取り組みは、十分ではないかも知れないが、機能はしていると言えるだろう。

ところがこれに対して、自民党の情報通信戦略調査会（川崎二郎会長）は四月一七日、NHKの堂元光副会長を呼んで事情聴取を行い、さらに高市早苗総務大臣も厳重注意とする行政指導をNHKに対して行った（四月二八日）のである。行政指導は、第二次安倍政権になってから初めてで、民主党政権下ではなかった行政指導の復活であったことは先にも述べた（一八頁）。「『クローズアップ現代』に関する問題への対応について（厳重注意）」と題した籾井勝人会長宛ての総務大臣名（山本早苗の本名で記載）の文書には「事実に基づかない報道や自らの番組基準に抵触する放送が行われたことは、公共放送である貴協会に対する国民視聴者の信頼を著しく損なうものであり、公共放送としての社会的責任にかんがみ、誠に遺憾である」と記してある。報道は事実をまげないですることを定めた放送法四条と、自ら定めた番組基準に沿って番組編集することを規定した五条に反したということらしい。さらにこの厳重注意文書が注目されるのは、ＮＨＫ自身がとりまとめた調査報告書で盛り込んだ再発防止策について「今後の具体的な取組や時期については不明である」とし、『放送現場の職員のみならず執行部が『放送ガイドライン』の内容を深く理解する場を、どのように確保するのか。情報共有や、企画や試写等でのチェックなどについて、誰が、いつ、どのように実行するのか。踏み込んだ対応が求められる」と再発防止策の中身まで注文を付けるという徹底した干渉ぶりである。この問題点については後述するが、自民党や総務大臣の行為は明らかに放送界の落ち度につけこんだ放送への介入である。

こうした背景の中で国谷氏は、「局幹部の指示」として一六年度は契約を更新されずに番組から去ることになったのである。番組も「クローズアップ現代＋」と衣替えした。

「ＮＥＷＳ23」に対してはもっと露骨だったことは、既に述べた（二六頁）。このほかにも二〇一三年の参院選前に起きた取材拒否に加えて、一五年一一月には安倍政権支持の顔ぶれが集まった「放送法遵守を求める視聴者の会」と名乗る市民団体がキャスターの岸井成格氏をやり玉に挙げた新聞の全面広告が放送界に波紋を広げた。

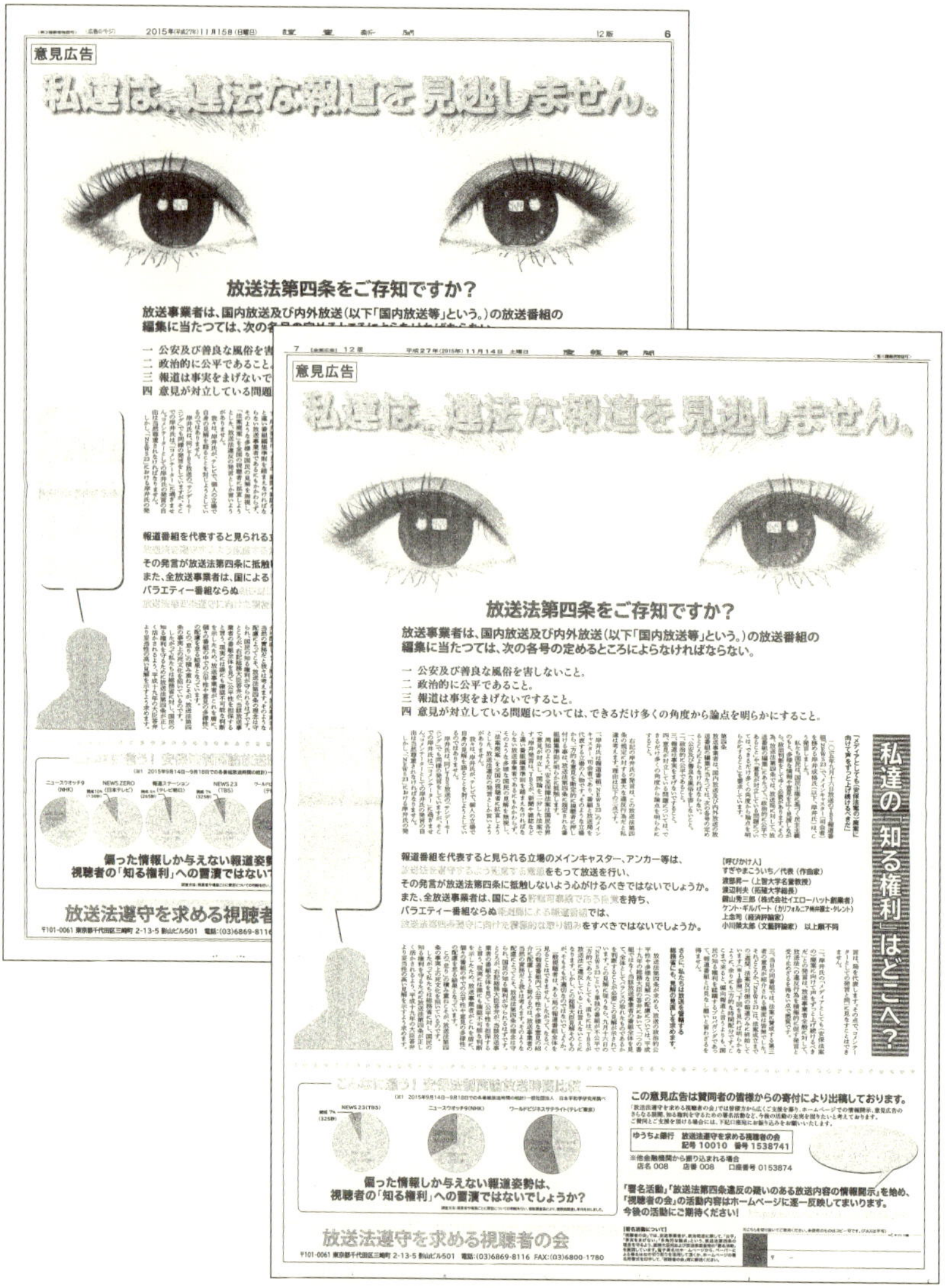

読売新聞（2015 年 11 月 15 日朝刊、左奥）と産経新聞（2015 年 11 月 14 日朝刊）に掲載された「放送法遵守を求める視聴者の会」の意見広告。

「視聴者の会」とはどんな顔ぶれなのか。この広告に会の呼びかけ人として名前があったのは、作曲家のすぎやまこういち氏や渡部昇一・上智大名誉教授、タレントでもある弁護士のケント・ギルバート氏といった安倍政権を支持する人が目立つ。賛同者には、勝間和代氏（経済評論家）、溝口敦氏（ジャーナリスト）、岸博幸氏（慶応大大学院教授）といった名前もあった。

「視聴者の会」の訴えの中で目を引いたのは、安全保障関連法案の参議院安全保障特別委員会での強行採決が大詰めを迎えていた一五年九月に、同番組内で岸井氏が「メディアとしても廃案に向けて声をずっと上げ続けるべきだ」と数秒の感想を述べたことが政治的公平を定めた放送法四条に違反するという部分である。キャスター個人を狙い撃ちした全面広告は、産経新聞と読売新聞のそれぞれ一一月一四日と同一五日の朝刊にほぼ同じ内容で掲載された。

具体的にはどんな意見広告だったのかをみてみたい。

一ページ分を使った全面広告は、上部の三分の一ほどを女性の両目をあしらったイラストが占めている。眉毛部分に横見出しの大きな活字で「私達は、違法な報道を見逃しません」とあり、目の下に「放送法第四条をご存知ですか？」との文字。その下に四条の規定が列挙されている。四条には、①公安及び善良な風俗を害しないこと、②政治的に公平であること、③報道は事実をまげないですること、④意見が対立している問題については、できるだけ多くの角度から論点を明らかにすること――との規定が定められている。見出しには岸井氏の名前は明記されていないが、九月一六日の放送の「NEWS23」の中で、メインキャスターである岸井氏がした先の「メディアとしても廃案に向けて声をずっと上げ続けるべきだ」との発言は、岸井氏と思われる黒塗りの上半身のイラストの吹き出しにあり、②や④の規定に反しているということを言いたいらしい。「私達の『知る権利』はどこへ？」という縦見出しもある。

安全保障法案の審議が最終盤となった参院安保特別委。与党側は強行採決の機会を狙っていた。法案の採決に反対する市民はこれを阻止しようと各地でデモを繰り広げるなど、全国は騒然とした雰囲気に包まれていたと言っていい。そんな中で岸井氏はいったい番組の中でどのような文脈で発言したのだろうか。

〈番組がスタートした時は、まだ審議は始まっていなかった。

番組内容は、空席ばかりの委員会室の様子や、国会周辺で行われている採決強行に反対する市民の抗議活動を現場から中継したり、横浜市で開かれた地方公聴会の様子など安保法案を取り巻く一日の動きを紹介。さらに、世論調査では八割以上が「法案の説明が不十分」と回答する中で、安倍首相がなぜ会期内の成立にこだわるのかについて、政治学者の御厨貴《みくりやたかし》氏をスタジオに招いての解説を加えながら番組は進む。

この日の目玉は、岸井氏による河野洋平氏のインタビューである。

河野洋平氏は自民党総裁、衆院議長を務めるなど保守政界の重鎮でもある。その河野氏の安倍政権評が手厳しいのである。「異例ずくめだ」と前置きし、▽閣議決定で憲法解釈を変更▽国会の大幅な会期延長▽国民の気持ちと離れた国会の議論▽米議会に先に法案の成立を約束――などをあげ、「議会制民主主義というか、民主主義国家として恥ずかしい」と批判した。そして、「与党、野党の前に国会議員であるという本来の任務を忘れては困る。歴代の自民党総裁はタカ派もハト派もいたが共通していたのは権力の座に着くと抑制的だったことだ」と約五分にわたって岸井氏の質問に答える形で持論を披露した。

その後に膳場貴子氏の「どこに注目されるか」との質問に答える形で御厨氏は「政権の側は国民への説得を考えていませんから国民はますます声を上げていかないと戦いになりませんね」と発言する。

御厨氏の発言を引き取る形で岸井氏の発言が続くわけである。岸井氏は「この法案（安保法案）というのはとにかく憲法違反であるということが、そういう疑いが強くなってきたのですよね。しかも同時にアメリカとの軍事一体化が進むということですから」と述べ、件の「やっぱりメディアとしても廃案に向けて……」の発言をするわけだ。この時の画面は参議院第一理事会室の表札が大写しになり、岸井氏は右下に小さく顔が映っているだけである。番組が始まって約二七分。このうち岸井氏の発言はわずか四秒ほどである〉

これは、『世界』（二〇一六年二月号）に掲載された神保太郎氏の論考「メディア批評」から抜粋したもの。岸井氏は同じTBSの番組である「サンデーモーニング」でも同様の発言をしているが、これについては、「コメンテーター」としての発言だから問題ないというのである。メインキャスターという位置づけが「報道番組を代表すると見られる立場」だから、放送法違反になるという理屈らしいのである。

放送法は、キャスターとコメンテーターの役割の違いなどに関する規定は当然ない。放送法四条の主語は「放送事業者」である。テレビ局を代表すると一方的に決めつけられてもキャスターの方でも困るのではないだろうか。岸井氏本人はどう受け止めていたのだろうか。意見広告掲載後に公の場所での発言を控えていたが、「高市停波発言」に抗議する記者会見で、意見広告への感想を問われ、「低俗だし、品性、知性のかけらもない。ひどいことをやる時代になった。このようなことをして恥ずかしくないのかと思う」と一蹴した。

ところで意見広告が掲載されたこの時期は、岸井氏の番組降板が取りざたされ始めていた。実際にTBSは二〇一六年一月二六日、キャスターが三月からは、岸井氏から朝日新聞特別編集委員の星浩氏に交代することを発表した。ただ、意見広告が掲載された時点では既に内定していたと言われ、「視聴者の会」の会の広告圧力に屈したわけではないようだ。岸井氏は引き続きＴＢＳの「スペシャルコメンテーター」として出演するという。ＴＢＳは、報道機関の取材に対して「意見広告の前から話し合ってきた。岸井氏の発言とは全く関係ない」とコメントしている。新聞メディアを巻き込んだメディア分断の状況を安倍首相はきっとほくそ笑んでいたことだろう。そして、この意見広告の掲載をきっかけに二〇一六年二月の放送法を根拠にした高市早苗総務大臣による「電波停止」発言に結びついていくのである。

「報道ステーション」をめぐっては、最も複雑だ。

東京電力の福島第一原発事故（二〇一一年三月）以来、全国で停止している原発の再稼働を目指していた安倍政権に対して、報ステの厳しい取り上げ方は、テレビ各局の中では際立っていた。ゲストコメンテーターとして出演していた経産省出身の古賀茂明氏は即時廃止論者であった。ところが「報ステ」のスタンスに対して露骨に不快感を示す経営陣もいたようで、現場はいわば内と外に「敵」を抱えながらの番組作りだったらしい。そうした中で、原子力規制委員会が九州電力・川内原発（鹿児島県薩摩川内市）の新規制基準の適合を決定したニュース（一四年九月）で、事実誤認と編集上のミスを重ねる。テレ朝は自ら審理を放送倫理・番組向上機構（ＢＰＯ）に申し立てる異例の措置を取った。ＢＰＯは放送倫理違反を認定したが、こうしたつまずきを背景に、番組のチーフプロデューサーは一五年四月の異動で経済部長になった。ジャーナリストの神保太郎氏は次のような分析をしている。

〈古賀さんの降板は、昨年（一四年末）にはその流れがあった。「もう呼ぶな」という話はすでにできていたというのだ。四月という番組改編時期を区切りとした。関係者によると、テレビ朝日の早河会長は報ステの原発再稼働問題に関する厳しい追及姿勢に頭を抱えていた。大勢の職員がいる中で露骨に批判したこともある。（福島県の）県民健康管理調査での甲状腺検査をめぐる不誠実な姿勢を取り上げた報道など優れた内容が多かった。当然、政府や同県からは睨まれる。絶妙なバランスの中で続けてきた原発報道だった。

それを支えたのが先のチーフプロデューサーだ。ある意味で報ステのジャーナリズムを牽引した人物だと言っても良い。早河会長は、表向き確認されただけでも安倍首相と一三年三月と一四年七月の二回、会食を重ねている。いずれも放送番組審議会委員長を務める見城徹・幻冬舎社長が同席。二回目には朝日新聞出身の吉田慎一・新社長もいた。原発再稼働を目指す安倍首相に共鳴する早河会長がプロデューサーや古賀氏の首を狙っていたのではないだろうか〉。

その格好の口実を与えたのが、一四年九月一〇日に放送された九州電力の川内原発をめぐるニュースの扱いだ、と明かす関係者もいる。神保氏は続ける。

〈田中俊一・原子力規制委員会委員長が記者会見で、竜巻の影響評価ガイドについての質問に答えたにもかかわらず、火山に関する発言になるよう編集して報じた。記者とのやり取りを省略し、田中氏が複数の質問への回答を拒んだような編集を行った。テレビ朝日は同じ番組中で謝罪するとともにプロデューサーら計七人が処分された。さらに今年（二〇一五年二月）にはBPOが、「客観性と正確性、公平性を欠いた放送倫理違反」とする意見書を出した。BPOへの審理を申し立てたのは、ほかならぬテレビ朝日自身だったという。経営陣はこれを奇貨として、朝日新聞の恵村順一郎氏を含む報ステの「顔」である三人を外すという体制刷新を図った――そういうシナリオがつくられたとは考えられないだろうか。古賀氏が番組の中で「プロデューサーが今度、更迭されるというのも事実です」と明かし、古舘氏が「更迭ではないと思いますよ」と反論しているが、異動の背景を踏まえれば、更迭人事といっても過言ではない。こうした事態は本来であれば、視聴者は知らされないまま四月を迎えただろう。最後の最後で白日の下にさらしたのが、古賀発言の本質なのではないだろうか〉(『世界』二〇一五年六月号)。

二〇一五年一月に「イスラム国」によって日本人二人が処刑された事件に言及する際に、古賀氏が「I am not ABE」と発言し、官邸の不興を買ったことが伏線となり、三月には古賀氏自身が番組内で「官邸による圧力で降板させられた」と突然告発することになった。この問題で名指しされた、菅氏は「事実無根だ」と反論し、先の自民党情報通信戦略調査会(川崎二郎会長)は、「出家詐欺やらせ」疑惑のNHKと抱き合わせの形で、テレビ朝日の福田俊男専務からも事情を聞いた(四月一七日)。どういうわけか、テレ朝に対して高市総務大臣はNHKには行った行政指導を行わなかった。なぜなのか。

放送法四条には「報道は事実をまげないですること」と書いてある。放送法違反だと堂々と行政指導できる口実はいくらでも見つけられるはずだ。深掘りすると、やぶ蛇になると考えたのだろうか。菅氏は第一次の安倍政権(二〇〇六年~〇七年)では総務相を務めていた。フジテレビ系列の関西テレビが起こした番組捏造問題では、同条違反の放送に対しては、放送局に対して行政処分を出せる放送法の改正案を国会提出するまでした人物だ。二〇〇七年の参院選に敗北し、衆参で与野党のねじれが起きたことで改正は見送られることになったが、菅氏は条文をよく熟知していた。いずれにしても放送法を政権の都合に合わせて解釈しているとのそしりは免れない。

古舘氏は、一五年一二月に記者会見を開き、自分自身で降板を明らかにしたが、こうした政治的な一連の流れがあったわけである。古舘氏は朝日新聞のインタビューに応じて一二年間のキャスター生活を振り返った（一六年五月三一日朝刊）。見出しは「キャスター　敗北の一二年」「予定調和破れず　自制と葛藤あった」「反権力には自負」——などとあった。キャスター降板の背景には政治圧力があったのか。佐藤美鈴記者は「政治からの圧力は本当になかったのですか」とズバリとぶつけている。これに対して、古舘氏は「僕に直接、政権が圧力をかけてくるとかはまったくなかった。圧力に屈して辞めていくと言うことでは、決してない」と否定している。佐藤記者はさらに「それでも（視聴者は降板について・筆者注）何らかの圧力があったのではと受け止められた」とたたみかけている。古舘氏のこの答えが実に微妙なのだ。

「画面上、圧力があったかのようなニュアンスを醸し出す間合いを、僕がつくった感はある。実力が足りなかった。原発事故後の福島の甲状腺がんの特集も、ドイツのワイマール憲法の特集も、考え方が違う人は『偏っている』と言う。その気配を察して、僕を先頭に番組をつくる側が自主規制をしたきらいがないか。だれかから文句を言われる前に、よく言えば自制、悪く言えば勝手に斟酌したところがあったと思う」

古舘氏が例に挙げた「甲状腺がんの特集」（一六年三月一一日放送）、「ワイマール憲法の特集」（一六年三月一八日放送）はいずれも視聴者に大きな反響を与えた内容だった。筆者も視聴しているが、この番組に関しては斟酌したという印象を持っていない。しかし、ここで古舘氏が「斟酌」という言葉を選んだのは偶然なのだろうか。NHK慰安婦番組の改変問題にかかわる訴訟で、東京高裁が使った「忖度」を連想させる。高裁は「NHKは政治家の意向を忖度した」と指摘したのである。もはや今日、政治家は圧力などかける必要もなくなった。「お願い」を装いさえすれば良いのかもしれない。

ところが、マスメディア側、特に最も狙い撃ちされている放送局の対応は鈍いように見える。現場からの声が視聴者には見えてこないのである。自民党の情報通信戦略調査会の聴取に対するNHKの籾井勝人会長の反応は先に記したが、テレビ朝日の福田俊男専務のコメントにもがっかりさせられた。「誤解が生じていたら困るということもあるので、良い機会だととらえて出席した」。放送局の経営者の考える「政治との距離」とはこの程度なのかと考えさせられた。そう思っていると、一五年末に民放関係者が元総務相で自民党国会対策委員長の佐藤勉氏の政治資金パーティーに参加していることが発覚した。毎日新聞が二〇一六年二月に「メディア面」で報じたものだ。憲法が保障する表現の自由が危機にさらされている中で、当事者達がよりによって……、そう思う読者は多かったはずだ。

古賀氏は、『放送レポート』(二〇一五年七月号)のインタビューに次のように語っている。

〈外国特派員協会での記者会見の後に、日本のあるテレビ局の記者から『あんなことをされると、我々はますますやりにくくなる』と言われましたが、それこそまさにテレビの現状だと思います。圧力とたたかうことをせず、許してもらえる範囲でぎりぎり伝える、ということしかやっていない〉

放送界を巡る経営環境は良好である。

NHKの二〇一五年度の受信料(月額一二三〇円・口座振替、地上・衛星放送)の収入は、過去最高の六六二五億円で、一八八億円の黒字だった(速報値)。高市早苗総務大臣が受信料の値下げを求める発言の背景には受信料のもらいすぎがある。一方、民放はどうか。在京キー五局の一六年三月期連結決算は五局とも純利益は前期を上回り、日本テレビ、テレビ朝日、テレビ東京の三社は過去最高だった。

気兼ねなく報道できる経営環境にあるはずなのだが。

第3章　籾井会長下のNHKは何があったか

■政治銘柄のNHK会長人事

ＮＨＫの経営委員会（石原進委員長・ＪＲ九州相談役）は二〇一六年一二月、籾井勝人会長＝元三井物産副社長＝の後任に、経営委員（常勤）である上田良一氏＝元三菱商事副社長＝を新会長に任命する人事を委員（一二人）の全会一致で決めた。

籾井会長は一四年一月の就任記者会見で旧日本軍の慰安婦問題について「慰安婦は戦争をしているどこの国にもあった」、国際放送を「政府が右と言うものをＮＨＫが左と言うわけにはいかない」。前年一二月に成立したばかりの特定秘密保護法は「通っちゃったんだからしかたがない」などと発言し物議を醸した。またそれだけでなく、その後も私的利用のハイヤー代をＮＨＫに請求していたり、独断で巨額な投資を要する土地買収を進め、三度も経営委員会から厳重注意されたりするなど、報道機関としてだけでなく、企業トップとしての資質に疑問符がついていた。

このため、三年の任期満了（一七年一月二四日）を迎えるにあたり、籾井氏が二期目も続投か、それとも交代かをめぐり、会長任命権を持つ経営委員会の判断が注目されていた。NHK執行部を監視する役割の経営委員からの異例の「身内」起用は、経営委員会は籾井氏を「不適任」として評価しない中で、不透明な後任人事の選出を印象づけた。籾井会長下のNHKでは何があったのか。一四年一月二五日の就任記者会見の様子から振り返ってみたい。

■籾井会長発言の概要

1 「政府が右、左と言えない」

記者 国際放送を強化したいとおっしゃってますけれども、我が国の立場を伝えることというふうに国際放送の番組基準に書いてありますので、この立場というのが政府見解、政府の主張をそのまま伝えることなのか、それだけでなく広く民主主義の発展に寄与するために、いろいろなその、考え方があるということを伝えていくことも大事なのか、その辺、どうお考えでしょうか。

籾井会長 国際放送につきましてはですね、これはやっぱり多少国内とは違うんではないかというふうに思います。たとえば尖閣、竹島、こういう領土問題については明確にやはり日本の立場を主張するということは、当然のことだと思います。時には政府の言うことを、とおっしゃいますけれども、そういうこともあるでしょう。じゃあ政府が右と言っているものを我々が左と言うわけにはいかないと。国際放送についてはそういうニュアンスもあると思います。

2 「慰安婦、どこの国にもあったこと」

記者　さきほどからあの、政府とNHKの距離の問題についてもご発言されていると思うんですが、思い出すのはあの、今から一〇年少し前にあった「ETV2001」の問題を思い出すんですけれども、籾井会長、最近もあの、慰安婦を巡る問題については日韓間や日米間の間でいろいろ取りざたされております。ところがあのETV以来、番組は、NHKにおいてきちんとしたものが制作されておりませんけれども、慰安婦問題については会長ご自身はどのようにお考えでしょうか。

NHK 新会長として初めての記者会見で質問に答える籾井勝人氏、2014 年 1 月 25 日。

籾井会長　ちょっと、コメントを控えてはだめですか。いわゆるね、そういうふうな戦時慰安婦ですよね。戦時だから良いとか悪いとか言うつもりは毛頭ないんですが、この辺の問題はみなさん良くご存じでしょう。どこの国にもあったことですよね。違います？

こっちから質問ですけれども、韓国だけにあったことだとお思いですか？

記者　いやいや、すべて、あのどこの国でもって言うとすべての国と。

籾井会長　いやいや、戦争している、その戦争地域ってことですよ。

記者　戦争地域にはどこでもあったと。

籾井会長　あったと思いますね、僕は。(略) 戦争をしてるどこの国にもあったでしょということですよ。じゃあ、ドイツにありませんでしたか。フランスにありませんでしたか。んなことないでしょ。ヨーロッパはどこだってあったでしょ。じゃあなぜオランダに今ごろ、まだ飾り窓があるんですか。

記者　わかりました

籾井会長　議論するつもりはありませんが、私はどこでもあったって言ったのは、世界中どこでもくまなくあったと言ってるんじゃなくて、戦争をしてるところでは大体そういうものはつきものだったわけですよ。証拠があるかと言われたけれども、逆に僕はね「なかったという証拠どこにあるんだ」と聞きたいくらいでね。

だからこの問題はね、その、僕が一番不満なのは、今韓国がやってることで一番不満なのは、ここまで言うのは会長として言いすぎですから、会長の職はさておき、さておきですよ、これ忘れないで下さいね。韓国が「日本だけが強制連行した」みたいなことを言っているから話がややこしいんです。ね、だからお金よこせと言ってるわけですよ。補償しろと言ってるわけですよ。しかし、そういうことはすべて、日韓条約で全部解決してるわけですよ、国際的にはね。ね、解決してるんですよ。それをなぜ蒸し返されるんですかと。おかしいでしょ。だと思いますよ、僕は。

3　秘密保護法「もう通った。しょうがない」

記者　秘密保護法についてなんですけれども、これについてはですね、「ＮＨＫスペシャル」ですとか、「クローズアップ現代」なんかでですね、一度も今まで取り上げられていないということでして、もう少しその、この法律の是非についてですね、幅広い意見があることですとか、あるいはその、問題点の追及を、もっとした方がいいんじゃないかっていう、そういう指摘もあるんですけれども、秘密保護法についてのそのＮＨＫの伝え方についてどう思われますか。

籾井会長　まあ、一応通っちゃたんでですね、もう言ってもしょうがないんじゃないかと思うんですけれども。まあちょっと、僕なりに、個人的な意見がないことはないんですが、これはちょっとあまりにあれなんで、ちょっと差し控えさせていただければと思いますが。

こうした発言で、就任初日から会長としての資質に疑問符が付けられてしまったのは当然であろう。翌日の新聞各紙だけでなく、テレビ各局はこぞって取り上げた。当事者であるＮＨＫを除いて——。この就任発言は政治問題化し、籾井会長は何度も国会に呼ばれて釈明することになった。会長就任後の最初の大仕事は、自らの暴言に対する釈明であった（ただ、筆者は報道機関の経営者の発言が問題だからと言って関係者を国会に呼んで質問するというやり方には賛同できない。ＮＨＫの予算審議の範囲を越えた質問は、テレビ朝日の「椿発言」での証人喚問と同様、一種の政治圧力だからだ。放送番組上の問題ではないが、場合によってはＢＰＯのような第三者機関で取り上げることがあっても良いと思う）。

■籾井会長就任の舞台裏

ＮＨＫの会長は、放送法の仕組みではＮＨＫの最高意思決定機関である経営委員会の委員のように国会の同意を得て、首相から任命されるわけではない。首相の関与は間接的で、首相に任命された経営委員会が選任することになっている。放送法は、「会長は、経営委員会が任命する」（五二条）と定め、経営委員（定員一二人）の「九人以上の多数による議決によらなければならない」としている。つまり裏を返せば、四人が結束して反対すれば、経営委員会は会長を選出することが不可能になるというわけだ。

放送法は会長について「協会を代表し、経営委員会の定めるところに従い、その業務を総理する」（五一条）との役割を与えており、実質的には経営委員長をしのぐ極めて大きな権限を持っている。執行部を構成する副会長・理事人事、放送番組の編集権、毎年の予算や中期経営計画の策定などあらゆる権限が集中している。

ＮＨＫの実質的支配者である会長の人事は「政治銘柄」と呼ばれ、人選に当たっては歴代政権の意向が色濃く反映されていると言われてきた。例えば、籾井氏に会長のポストを引き継いだ前会長の松本正之氏（二〇一一年一月〜一四年一月）は、ＪＲ東海出身だが、その起用には安倍氏に近いＪＲ東海名誉会長の葛西敬之氏の意向があったとされる。

それでは籾井会長はどのように選任されたのだろうか。過去の例では任期満了の前月に経営委員会は選任を終えるスケジュールであるが、そもそも松本氏の退任表明が当時、かなりずれ込んでいた。後述するが、松本氏本人が会長の続投を望めば、経営委員会は再任したと言われている。前会長の福地茂雄氏ほどではなかったが、経営委員会内だけでなく、NHK局内の関係者の評価は決して低くはなかった。それがなぜすげ替えとなったのか。

朝日新聞は二〇一四年三月三〇日朝刊で次のように伝えている。経営委員会が選任作業をしているこの時期、マスメディアは特定秘密保護法案の行方に大きな関心を向けていた。

〈松本正之会長（当時）に引導を渡してNHKの「偏向」をただす――。政権発足以来、安倍晋三首相ら政権幹部がこだわってきたのはこの一点だ。

NHKの報道内容への政権の不満は根強く、首相周辺は「原発問題やオスプレイの沖縄配備で批判的な内容を報道した」と指摘。首相に近い財界人は「政権を批判したい現場に松本氏が乗せられていた」と語る〉

要するに、松本会長のすげ替えは、安倍政権にとってNHKが都合良く報道していたと言えないからということに尽きる。

松本会長降ろしの布石は着々と打たれていた。先に示したように会長は経営委員が選ぶが、四人が反対すれば人事は流れる。二〇一三年一一月、安倍首相は新たな経営委員に自分に近い四人の人物を任命した。百田尚樹氏（作家）や長谷川三千子氏（埼玉大学名誉教授）といった安倍政権誕生を後押しした人物や、かつて自分の家庭教師をしていた本田勝彦氏（日本たばこ産業顧問）や中島尚正氏（東京大学名誉教授）を任命している。中島氏が校長を務める海陽学園海陽中等教育学校の理事長の葛西敬之氏は松本氏を会長に推し、そして会長降ろしもかかわったのである。

松本会長が会長の再任を希望せず退任を表明したのは一二月五日であった。一〇日夜、新会長選びのキーパーソンとなる安倍首相をはじめ、現在経営委員長を務める、石原進・JR九州会長（当時は一経営委員だった。現相談役）、葛西の各氏らが西麻布の料亭で会合を持ったと報じられている。朝日の同記事によると、松本氏の後任探しに、政権側が乗り出す中で、菅官房長官が麻生太郎副総理に相談したところ、麻生氏が「籾井っていうのもいるなあ」と名前を挙げたことで流れが決まったようだ。そして、西麻布の会合から三日後の一三日。石原氏は経営委員会で籾井氏を推薦したのである。石原氏は、憲法改正を目指す右派組織の「日本会議」の地方組織・日本会議福岡の名誉顧問と、原子力エネルギーの普及を促進する一般社団法人「原子力国民会議」の共同代表を務めていたことが一六年七月に発覚し、それらの職はその後辞任した。

日本会議が安倍政権を強く支持していることを考えれば、石原氏の行動はあまりにも分かりやすい。経営委員の推薦で、財界人や学者ら四人ほどの候補が挙がったが二〇一三年一二月二〇日の経営委員会では全会一致で籾井氏の会長が決まったという。

浜田健一郎委員長は、選出後の記者会見で新会長・籾井氏の選任理由を「大きな組織を経営してきた実績があり、NHKの人材を十分活かした組織の運営ができると判断した。海外経験が豊富であり、国際的な業務にも十分対応できる。放送法第一条の公平・公正、不偏不党の精神に常に立ち、ぶれない姿勢で臨むと何度も発言されている」と説明した。それでは、安倍政権が望んだ籾井氏を経営委員会はなぜそのまま会長に選んだのか。

記者「籾井さんは週刊誌などで政権の意向であると報道されていた。結果として会長に決まったということについて、視聴者が懸念を持たれると思う」

浜田委員長「報道については承知しているが、経営委員会としては内規にのっとり、手順を踏んで粛々と手続きを進めてきた。懸念には及ばない」

そして「非常に適性のある立派な方を選ぶことができた。九〇点」と胸を張った。

この時、同席した次に紹介する上村達男・経営委員長代行も次のように発言している。「今回の会長選考は、ガバナンスとしての自律的な機能を十分に発揮して手続きを踏むように変わった。現時点で昔の印象を払拭できないのは無理もないが、私としては政権の意向云々というのは昔の感覚という程度のことだと受け止めている。今回は最終段階に至っても、手続きのことで問題は一切起きなかった。そういう意味で、状況は変わってきている」。

その会見から約一カ月後に九〇点と評価した「立派な方」から、経営委員会はとんでもない平手打ちを食わされることになるのである。

手続きに間違いはなかった。ただ、その結果、選出した会長は資質が欠けていた。そんな会長を選んでしまった手続きに問題が本当になかったのだろうか。

■「一種の不祥事だ」

「一種の不祥事だ」。上村達男・早稲田大学教授はＮＨＫの籾井勝人会長の出現をこう表現した。

上村氏は、ＮＨＫ経営委員（二〇一二年三月～一五年二月）時代に籾井会長を選出しており、反省を込めた『NHKはなぜ、反知性主義に乗っ取られたのか』（東洋経済新報社）を出版した。「経営委員会が求める会長の資格要件に反している」。同書で、そう言い切る上村氏に対して、『週刊金曜日』（二〇一五年一二月二五日・二〇一六年一月一日合併号）で筆者がインタビューした。

〈NHK会長として就任二年目を迎えた籾井勝人氏の二〇一五年は、一月二日に私的なゴルフで使用したハイヤー料金をNHKに請求していたことが発覚したことから始まった。そして、一二月に入ってからは、子会社による土地購入を経営委員会への報告をしないまま、勝手に進めていたことが明らかになった。

土地購入問題というのは、NHKの子会社の「NHKビジネスクリエイト」が東京・渋谷にある放送センター近くの約三四〇〇平方メートルの土地の優先交渉権を一一月に得たことから始まる。九つの関連会社を集約したオフィスを建設するためだという。購入額は三五〇億円。これだけの重要な経営事項でありながら、籾井執行部は、経営委員会の承認を得ることなく行なっていたというものだ。子会社の取引は、経営委員会の議決事項にないという立場で、浜田健一郎委員長（ANA総合研究所会長）も「承認事項ではない」との見解を示している。しかし、会社法を専門にする上村氏の見解は、これと真っ向から対立する。

「子会社の取引といっても三五〇億円の巨額投資を伴う土地の購入計画は実質的には籾井執行部主導で、その指図に基づいて進められたものです。事実上はNHK本体が行なっている取引と言えます。明らかに経営委員会が議決するべき重要事項に当たると言えます。そうでないなら経営委員会が問題視する根拠はないはずです」

実際に籾井会長自身が一一月二五日に九社に説明するなど深い関与は明らかだ。一連の行為は、つまり、放送法違反だというわけだ。上村氏は、経営委員三人で構成する監査委員会の委員も務めた。監査委員会は籾井会長や理事らの職務執行を監査し、法に違反した行為があれば差し止めを求める強い権限を持つ機関だ。

「執行部は、経営委員会の承認を得た上で契約に進むべきですが、土地購入に関わる契約は法律に反した手続きで結ばれたわけで当然、無効になります。仮に経営委員会が追認したとしても遡って有効にはなりません」。上村氏はそう言い切る。

上村達男氏（早稲田大学法学部教授・前NHK経営委員会委員長代行）。

籾井会長はＮＨＫの「ボルトとナットを締め直す」と就任時（二〇一四年一月二五日）の記者会見で言い放ったが、自分自身は緩みっぱなしというわけだ。

経営委員で構成する監査委員会が調査に乗り出し、経営委員会も執行部に慎重な対応を求めたことを受けて結局、籾井氏は土地の取得の断念に追い込まれた。

上村氏は「放送法は、経営委員会が会長を罷免できるとしており、罷免には正当な理由の存在は不要ですが、具体的な理由があれば罷免しやすいとは言えます。今回の籾井会長の行為は、十分説得力のある罷免の理由になります」と断言した。

「人の意見に耳を傾けない。自分の意見と合わないとその場で怒鳴り出す。人を敵か味方かだけで判断する。そして、七〇歳を超えてなかなか考えを変えられないと最後は開き直るのです」。上村氏の籾井評だ。経営委員会と執行部の合同会議では、籾井氏は自分の意見が理解されないと分かると怒鳴り出し、そして途中で退席することもあったのだという。

上村氏には、籾井氏について忘れられないエピソードがある。委員長職務代行者だった上村氏は、二〇一五年一月の経営委員会後の記者説明（ブリーフィング）で、記者から籾井氏の会長就任一年ということで会長の言動についての感想を求められた。

籾井氏は、就任時の記者会見で「政府が右と言ってるものを左とは言うわけにはいかない」「『慰安婦』はどこの国でもあった」などと発言し波紋を広げた。しかし、個人的な見解としては今もって取り消していない。上村氏はこれまでと同様、「はなはだ遺憾だ」と感想を述べたところ、籾井氏から浜田委員長に「ブリーフィングは個人的意見を言う場ではない。注意してほしい」と苦情が寄せられたという。経営委員会の場で発言してほしいと返答したところ、上村氏の在任中、最後まで籾井氏からの発言はなかった。

ところが、二〇一五年三月の経営委員会。既に上村氏は退任し、後任の委員長代行となった本田勝彦氏（日本たばこ産業顧問）に対して籾井氏は、前代行の上村氏には問題があったとして、「個人的なご意見は控えてほしい」と求めたのだという。上村氏は「ＮＨＫの会長の権限は非常に大きく、専制君主にもなり得るのです。だから謙抑的な姿勢が求められるのですが、籾井氏は、理事の人事など経営委員会の同意が必要な人事異動もやりたい放題です。経営委員会が職務を監視、監督することがそもそも気に入らないようなのです。『籾井会長』の出現は一種の不祥事です」と不信感をあらわにした。

なぜ籾井会長が選出されたのか。

そもそも新会長の選出は、前会長の松本正之氏が再任を希望しないと任期の満了する前月（一三年一二月）になって突然、表明したことが発端だ。「松本さんは会長を続投するかどうかは、経営委員会の意向に任せると言っていた。職員にも評判が良く、本人が希望すればほぼ一〇〇％、経営委員会は再任した」。上村氏はそう明言する。

一方、松本氏に対する安倍政権の評価は低かったといわれる。というよりも、原発再稼働問題や沖縄・辺野古への新基地建設問題など「公平・公正」な報道姿勢を快く思っていなかったらしい。

安倍政権は、百田尚樹氏や長谷川三千子氏、中島尚正氏、本田勝彦氏といった「安倍応援団」を次々に経営委員に送り込む。経営委員は国会の同意を得て首相が任命する仕組みだが、国会同意人事とはただの政府任命人事とは異なることから、与野党一致の人事を行なってきた慣行を破壊したのである。

上村氏は「放送センターには偏向報道を正せ、と押しかけてきた右翼の街宣車は、松本氏が『再任を希望しない』と表明した途端に来なくなった」と明かした。実に不可解な出来事である。

安倍政権の気に入らない人物を狙い撃つ民間団体の動きは、一一月にＴＢＳの報道番組「ＮＥＷＳ23」のキャスター、岸井成格氏を批判する意見広告を民間の団体が二紙に掲載した流れと重なる。

なぜ、経営委員会は籾井氏が会長としての資質に欠くことを見抜けず、そして罷免にも動けなかったのか。上村氏はまず「最終的に一人に絞り込まれた中で、三井物産副社長、三井物産米国社長、日本ユニシス社長という経歴は品質保証です。正面から拒否するのは難しいのです」と明かし、罷免については、「昨春ごろまでは経営委員会も理事会も会長に批判的な声の方が大きかった。しかし、『もう少し様子を見よう』と構えていたら、反会長派の理事を外し、監査委員も次第に会長に対する当初の厳しい姿勢を変えていった。罷免は事実上、難しい状況になっていった」と述べた。安倍政権が与党だけの賛成多数で同意、任命した経営委員は一二人のうち七人を占める（再任を除く）。与野党が同意できる人物を経営委員に任命するべきだ」。上村氏の緊急提案だ。

安倍政権のＮＨＫ支配が強まる中、籾井会長の任期満了まで残すところ一年余り。籾井氏は罷免の是非が一貫して問われてきた。再任だけはあってはならない〉。

■「何が問題なのか」

籾井会長にかかわる問題は尽きない。主なものをあげてみたい。会長の就任会見で言動が物議を醸した日、籾井会長は一〇人の理事（会社の取締役にあたる）全員に日付欄を空白にした辞表を提出させていた。これは二月二五日の衆院総務委員会で民主党の委員が理事全員に質問したことで具体的に明らかになった。籾井会長は「人事のことなのでコメントは控える」と理由を明かさなかった。一〇人が辞表の返却を受けたのは、三カ月以上たった四月二一日になってからである。これは石田研一放送総局長が同月二三日の記者会見で明らかにしたものだが、返却理由の説明はなかったという。石田氏は二日後の二五日から放送総局長を外れることになった。

こうした問題発言と強権的とも言える人事に対しては当然、ＮＨＫ関係者からの反発も生まれる。一四年七月、全国のＮＨＫ退職者有志が籾井会長の任免権を持つ経営委員会に対して、辞任勧告か罷免を求める申し入れ文を提出する事態にまで発展している。記者、プロデューサー、アナウンサーら約一七〇人が呼びかけ人として名を連ねた。

そして、就任二年目となる一五年になって最初に浮上した問題がいわゆる「私用ハイヤー料金」問題である。籾井会長は前年一二月二六日、一月二日に自宅から東京都小平市のゴルフ場に行くためのハイヤーの手配を秘書室に依頼し、利用した。そのハイヤーの料金は四万九五八五円だったが、秘書室の職員は「業務用」での利用として伝票処理し、他の利用分とともにタクシー会社に支払う処理を行っていた。これが二月下旬に監査委員への内部通報で発覚し、監査委員が調査に乗り出した。籾井会長は「秘書に自分で払うと言った」と釈明したが、実際に支払ったのは三月九日。籾井会長が同月六日に監査委員から事情を聞かれた後だった。監査委員会は同月一九日、「秘書室の対応はずさんだった」とする報告書を経営委員会に提出。四月二八日、経営委員会は籾井会長に対して厳重注意を行った。経営委員会が籾井会長に厳重注意をするのは就任以来、三度目だった。これに対して、「（監査委員の報告書の）どこに私に責任があると書いてあるか。厳重注意を受けるいわれはない」と拒む一幕さえあった。浜田健一郎委員長は「ＮＨＫは高い公金意識が求められる特殊法人。会長は結果責任を取らないわけにはいかない」とたしなめたという。籾井会長は最後まで「何が問題なのか」と食い下がった。

まだ、ある。二〇一六年四月一四日に発生した熊本地震。最大震度七を記録したとあって、国内で唯一稼働中だった九州電力・川内原発の安全性に対して、住民の間に不安が広がった。当時の伊藤祐一郎知事は五月一三日の記者会見で「熊本地震のような揺れは川内原発周辺では起きないと思う。原子力規制委員会は『停止する必要はない』と明確に言っている。福島第一原発事故のようなことはほとんど発生しないと思う」と述べている。こうした状況に対して、籾井会長の報道方針に疑問符が付くような発言が出た。四月二〇日、NHK災害対策本部の全体会議で原発報道について「原発については、住民の不安をいたずらにかき立てないよう公式発表をベースに伝えることを続けて欲しい」との方針を示したのである。

熊本地震の約五年前の二〇一一年三月に福島県で起きた東京電力・福島第一原発事故。一部の記者やディレクターを除き、大半の大手マスメディアは会社の方針として、政府が立ち入り制限を実施しておらず、住民もまだ生活を続けていたにもかかわらず、同原発周辺での取材を控えた。政府や東電の発表を中心に報じ、「大本営発表報道だ」と批判を浴びた。「また繰り返そうとするのか」と疑念を抱かれるのは当然であろう。

受信料未納者に対する法的措置など厳しい取り立ての中でNHKの一五年度の受信料収入は、六六二五億円と過去最高を記録しているが、籾井会長の下で国会に提出されたNHKの予算案は一四年〜一六年度まで三年続けて全会一致での承認を得られなかった。

■百田委員の暴言・失言

作家の百田尚樹氏が二〇一五年二月末でNHK経営委員を退任したことにも触れておきたい。

百田氏は、自分の短文投稿サイト「ツイッター」で「NHK経営委員の新年会で、二月の任期終了で経営委員を辞めることを言った」と明かした。二〇一三年一一月一一日、任期を残して退任した前任の作田久男氏（当時はオムロン特別顧問）の任期（通常は三年）を引き継ぐ形で就任したが、公人としての資質を疑わせる暴言・失言を繰り返し、経営委員内部や視聴者らからの反発を招く中で、NHKを去ることになった。

「視聴者のために素晴らしい番組を提供できる環境とシステムを作ることにベストを尽くしたい」。そう語った所信とは正反対に、結果的にはNHK不信を広げただけの「仕事ぶり」だった。最後の経営委員会（二月二四日）での退任のあいさつは「また機会がありましたら、もう一度参画させていただきたいと思います」というものだった。本音なのか皮肉なのか。

百田氏の最初の暴言は、東京都知事選（二〇一四年二月）に立候補した、自衛隊の元航空幕僚長・田母神俊雄氏の応援演説でだった。百田氏は「南京大虐殺はなかった」と訴えただけでなく、米軍による東京大空襲や原爆投下を「大虐殺」とし、東京裁判について「大虐殺をごまかすための裁判だった」と断定した内容だった。さらに、主要な他候補についても言及し、「人間のくずみたいなもの」と揶揄した。

これらの発言は、国内だけでなく海外からも批判の声が上がり、在日米大使館も「ばかげた意見」とのコメントを日本メディアに出したり、中国外務省も「国際社会では既に結論が出ている。一握りの日本人はこの事実を覆い隠し歴史を歪めようとしている」と非難した。

この時期は、先に述べたように籾井勝人会長が就任記者会見で、旧日本軍の慰安婦について「戦時中だからいいとか悪いとかいうつもりは毛頭無いがどこの国にもあった」と発言したり、経営委員の長谷川三千子・埼玉大学名誉教授が朝日新聞社内で一九九三年に拳銃自殺を図った右翼活動家の野村秋介氏を追悼文で礼賛していたことが発覚するなどＮＨＫへの批判がわき上がっていた。

百田と長谷川の両氏は、「安倍晋三総理大臣を求める民間人有志の会」のメンバー。二人の経営委員への就任はいわば「論功行賞」とも言え、菅義偉官房長官は経営委員の選任について、「首相が信頼している人にお願いするのは当然」と記者会見で語っている。

百田氏の発言と特定候補の応援をするという行動は、経営委員によるＮＨＫの信用失墜行為の禁止などを規定した職務準則にも抵触しかねない。百田氏は経営委員会で説明を求められ、「自分は個人的信条に基づいて行った。行動は問題ないと考えている」とし、「くず発言」のみ「ほめられた発言ではない」と釈明しただけだった。

経営委員会は「自らの思想信条に基づいて行動すること自体は妨げられるものではない」としながらも、「準則にのっとり、公共放送の使命と社会的責任を深く自覚するとともに、一定の節度を持って行動していくことをあらためて申し合わせた」との見解をわざわざとりまとめた。そうせざるをえないほどＮＨＫの最高意思決定機関の委員としての資質が大きく問われた。しかし、これで百田氏の暴走が収まるはずはなかった。

百田氏は一五年五月には岐阜市内で開かれた自民党県連の定期大会で講演しただけでなく、集団的自衛権の必要性などを訴えたほか、軍隊を持たない南太平洋のバヌアツやナウルの両国について「家に例えると、くそ貧乏長屋。泥棒も入らない」と発言。翌六月には静岡市であった講演で「日教組は日本のがん」と言い放つ始末。九月には元社民党党首の土井たか子さんが死去した際に、ツイッターに「拉致被害者の家族の情報を北朝鮮に流した疑惑もある」と決めつけ、「まさしく売国奴だった」とツイートするなど二月に確認した「節度をもった行動」もどこ吹く風だった。籾井会長は就任会見で「ボルトとナットを締め直す」と表明し、組織の引き締めを宣言したが、会長自身だけでなく、その執行部を監督する経営委員の方が職員よりもずっと緩みっぱなしだった。

百田氏の退任挨拶には前振りがある。

「その国の国民の、あるいはその思想、あるいは生活、こういうものに大変な影響を与えるので、それに関しては本当に中立性、そして公正、そしてもう一つ大事なのは社会正義、こういうものにのっとって、本当に、偏った思想に偏ることなく、今後もＮＨＫは本当にすばらしい『世界に誇る放送局』になっていただきたい」。安倍首相の口ぶりとそっくりと思うのは筆者ばかりではないだろう。再度経営委員になったら、何を始める気なのだろうか。

■「沖縄の二つの新聞は潰さないといけない」

ＮＨＫ経営委員を辞めたあとの百田氏の言動は、それ以前よりもマスメディアの注目度は格段に大きくなっていた。経営委員に就く前であれば話題になっただろうかと疑問に思えるものも大きく報じられた。その一つが一五年六月二五日に安倍首相に近い若手議員が中心となって新たに設立した「文化芸術懇談会」の会合で行った講演での発言だった。政局的に言えば、九月に予定される自民党の総裁選を狙った安倍首相の無投票再選のための動きだと捉えられていたようであった。

問題となった百田氏の発言は、「沖縄の二つの新聞は潰さないといけない」というものだ。事実上、名指しされた琉球新報と沖縄タイムスは編集局長名の共同抗議声明を出し、「政府の意に沿わない報道は許さないという〝言論弾圧〟の発想そのものであり、民主主義の根幹である表現の自由、報道の自由を否定する暴論にほかならない」などと非難した。「党本部で開いた会合の席上であり、むしろ出席した議員側が沖縄の地元紙への批判を展開し、百田氏の発言を引き出している。その経緯も含め、看過できるものではない」。

百田氏のこの会合での発言は、琉球新報、沖縄タイムスだけでなく報道各社が一斉に取り上げたことで波紋を広げた。百田氏は沖縄タイムス記者の翌二六日の電話取材に「オフレコに近い発言で、冗談として言った。公権力、圧力でつぶすとの趣旨ではない。私も言論人。言論は自由であるべきだ。私と意見が違う二紙を誰も読まなくなり、誰も読者がいなくなってつぶれてほしいという意味での発言だ」と語ったという。百田氏は二七日に自分の「ツイッター」に「質疑応答で誰かが『沖縄の二紙は厄介ですね』と言ったから、『ほんま厄介、つぶれたらいいのに』と軽口は言った。沖縄の二紙の話はその後一切出ず、ただ一言の軽口を記事にされた」と書き込んでいる。さらに「本当につぶれてほしいと思っているのは、朝日新聞と毎日新聞と東京新聞です」とも書き込んだ。沖縄二紙は軽口だったが、これらの三紙は「本当に」らしい。

また、百田氏は八月七日の「琉球新報、沖縄タイムスを正す県民・国民の会」というグループが東京・永田町で開いた「緊急国民集会」で経緯を次のように明かしたという。同会のホームページにあった動画を視聴すると、百田氏は「(沖縄問題の質問を受けて)いやあ、難しいですね。私も沖縄はあの二つの新聞社がめちゃ頭に来てね。一回、記事で大きい見出しにとられて。『百田尚樹、また暴言』て。『また暴言』

はないだろうと。本当にもうあの二つの新聞社に私は目の敵にされているのですけれども。ほんまにあの沖縄の二つの新聞は本当は潰さなあかんのですけれども」と述べていた。

この「緊急国民集会」の呼びかけ人には作曲家のすぎやまこういち氏や弁護士でタレントのケント・ギルバート氏らが名を連ねていた。この二人は既に述べた「放送法遵守を求める視聴者の会」の呼びかけ人でもある。

そもそも百田氏が講演した「文化芸術懇談会」の会合では出席した議員からも報道機関に対する圧力を加えようとする発言が相次いでいた。代表は当時、党青年局長を務めていた木原稔議員（熊本一区）。どんな発言だったのか。朝日新聞デジタルによると、おおむね次のような内容だった。

大西英男衆院議員（東京一六区）「マスコミを懲らしめるには、広告料収入がなくなるのが一番。政治家には言えないことで、安倍晋三首相も言えないことだが、不買運動じゃないが、日本を過つ企業に広告料を支払うなんてとんでもないと、経団連などに働きかけしてほしい」

井上貴博衆院議員（福岡一区）「福岡の青年会議所理事長の時、マスコミをたたいたことがある。日本全体でやらなきゃいけないことだが、スポンサーにならないということが一番（マスコミは）こたえることが分かった」

長尾敬衆院議員（比例近畿ブロック）「沖縄の特殊なメディア構造を作ったのは戦後保守の堕落だ。先生なら沖縄のゆがんだ世論を正しい方向に持っていくために、どのようなアクションをするのか。左翼勢力に完全に乗っ取られている」

自民党の反応ははやく、二七日には木原氏を一年間の役職停止処分、大西、井上、長尾の三氏を厳重注意処分としたことを発表している。谷垣禎一幹事長は記者会見で処分理由について「報道および言論の自由を軽視するような発言がなされたこと。沖縄県民の皆さんの思いをどの政党よりも受け止めるべく努力をしてきたわが党において、その努力を無にするかのごとき発言がなされたこと。国民の信頼を大きく損ねるものであって看過できない」と説明した。

谷垣幹事長が本気でそう考えたのかは不明だが、この会合が開かれた時期というのは、集団的自衛権行使を容認する安全保障関連法案の審議の最中で、国会運営への悪影響を避け早期の幕引きを図ったと考えるのが自然だろう。案の上、木原氏の処分は安保関連法が成立（九月一九日）してほどなくした九月二六日までの三カ月間に大幅短縮された。谷垣幹事長は「反省の情が顕著なため」と記者団に説明した。

木原氏はその後、二〇一六年八月三日に発足した安倍改造内閣で、財務副大臣に就任している。処分ではなく、むしろ、論功行賞を与えたかったのではないだろうか。

第4章　危険地取材規制　パスポートを返納命令

■旅券返納を命令

マスメディアに対する信頼が揺らぎ始めている。そう書いたところで「何を今さら」との声が聞こえてきそうなほど不信は、深刻な中にあるのかもしれない。

二〇一五年二月七日、外務省は「シリアへの渡航を計画する邦人（五〇代男性）に対し旅券の返納を命じ、旅券を受領した」と報道発表した。旅券法（一九五一年制定）は、第一九条で外務大臣や領事官に旅券の返納を命じることができる権限を与えている。外務省はこの男性のシリアへの渡航について、「名義人の生命、身体または財産の保護のために渡航を中止させる必要がある場合」に該当し、「緊急に同人に対し旅券を返納させる必要があると判断し、同人に旅券の返納を命じた」としている。「隣接国を経由してシリアへ渡航する旨メディアを含む公の場で表明してきており、外務省は、警察庁とともに累次に亘り渡航の自粛を強く説得したが、シリア渡航の意志を変えるに至らなかった」。そう理由を説明した。

返納命令は、旅券法の制定後、初めての適用だった。この直前にシリア入りし、過激派組織「イスラム国」によって身柄を拘束されていた、湯川遙菜さん（四二）と、ジャーナリストの後藤健二さん（四七）の二人が処刑されたばかりだった。イスラム国側は、日本政府に二億ドルの身代金を要求。どのような外交チャンネルを使ったかは明らかではないが、日本政府は結局、ヨルダンなど周辺国を通じて解放を求めていたが、救出できなかった。安倍政権の交渉力の低さが露呈したばかりだった。

菅義偉官房長官は「憲法が保障する報道、取材の自由は最大限尊重されるべきだ。ぎりぎりの慎重な検討を行い、判断した。旅券を返納させることはある意味で国の責任だ。ＩＳＩＬ（「イスラム国」の別称）に日本人二人が殺害されたばかりで、さらに日本人殺害を継続する意向を表明している。邦人がシリアに入れば生命に直ちに危険が及ぶ可能性が高いと判断した」と九日の記者会見で語った。湯川さんと後藤さんがイスラム国に殺害された直後の当時、日本政府はその対応のまずさに対して批判にさらされていた。これ以上、やっかいないことに巻き込まれるのは、得策ではないと考えたのだろう。

旅券の返納を命じられたのは、新潟市のフリーカメラマン、杉本祐一さん。杉本さんは、日本政府が全土に退避勧告を出しているシリアでの取材を二月下旬から一〇日間ほど計画した。

杉本さんによると、外務省職員は、警察官を伴って新潟市の自宅を訪ね、返納に応じなければ逮捕することを何度もちらつかせて迫った。一九条の命令に従わず返納に応じないと、「五年以下の懲役若しくは三〇〇万円以下の罰金」という罰則もある。杉本さんは「『返納に応じなければ逮捕する』と三回は言われた」と語る（外務省は否定している）。逮捕された場合、裁判に要する負担を考えると返納に応じざるを得なかったという。杉本さんは旧ユーゴスラビア、アフガニスタン、シリアなど二〇年にわたって紛争地で撮影し、二〇〇三年のイラク戦争では「人間の盾」として同国内に留まった経験もある。新潟日報の記事（二月五日）でシリア取材を二月五日に知った外務省は五日に杉本さんに電話で中止を求めたが、拒否されたため職員が七日、岸田文雄外務大臣名の六日付「一般旅券返納命令書」を、訪問した杉本さんの自宅で読み上げたという。

これに対して、杉本さんはシリアでの現地取材にあたっての安全対策を説明したが、外務省側は話し合いなど最初からするつもりはなかったのである。杉本さんは「難民キャンプで暮らすお年寄りや女性、子どもの様子を取材するつもりだった。イスラム国の支配地域に行くつもりはなかった」とし、「生きる気力をなくして日々悩んでいる」と語っていた。

■「旅券を返納させたのは妥当」と読売・産経が社説

憲法二二条は表現の自由を保障し、二二条は移住、移転の自由、海外渡航を含む外国移住の自由を保障している。外務省が旅券法に規定があるとはいえ、制定から六〇年以上も適用してこなかった背景には、こうした憲法が保障する国民の人権を侵害しかねないからだったろう。

取材を目的とした渡航を事前に制限する旅券の返納は、二重の憲法違反の疑いさえ出てくる。これは、紛争地や災害、事故の現場などで同じように取材する放送や新聞の記者にも同様の恐れがあることに直結する大問題である。

マスメディアはこの問題をどう捉えたのか。読売新聞と産経新聞の二紙は相次いで社説を掲載し、外務省の措置に対して支持を表明したのである。まず、読売新聞である。二月一一日の社説のタイトルは「シリアの危険を考えれば妥当だ」。「憲法が保障している渡航や報道の自由は、最大限尊重されるべきだ。しかし、イスラム国は、邦人の人質二人を冷酷に殺害したうえ、今後も日本人をテロの標的にする、と公言したばかりである。外務省が、渡航を中止するよう説得を重ねたうえ、本人が応じないため、旅券を返納させたのは妥当だ。一民間人が自らの安全を確保できると考えていたら、認識が甘く、無謀だと言わざるを得ない」

この社説の指摘に関しては、杉本さんも反論をしている。

「現地に入っていない人が書いている記事だと思う。過去の取材でも元自由シリア軍の兵士をガイドとして雇い、そのガイドの依頼でカラシニコフを持ったガードマンを二人も付けた。ガイド自身も二〇一二年の取材時にはピストルを持っていなかったが、一三年の取材の際にはピストルを所持するようになった。シリア滞在中も、アレッポの自由シリア軍や避難キャンプを取材したら、トルコ国境の手前、トルコまで二、三歩のシリア・トルコ国境まで送ってもらうことを毎日、繰り返していた。(社説は)報道機関自ら報道の自由や渡航の自由、取材の自由を制限しても良いと言っている」。ジャーナリストとして当然の指摘である。

シリアと同様に退避勧告の出ているイラクに読売記者が取材に入ったことがある。イラク戦争後の人道復興支援を名目に陸上自衛隊が二〇〇四年に南部サマワに派遣された。陸自の宿営地に迫撃弾が撃ち込まれたり、バグダッドでは日本人人質事件が発生するなど急速に治安が悪化。同行していた日本のマスメディアは外務省による「速やかな退避」を求められ、日本人記者による現地取材を中止し、記者を引き揚げてしまった。もちろん読売新聞も。

そうした状況下で注目されたのは、読売新聞ロンドン支局の特派員が試みた英軍に同行する形を取ったサマワ陸自現地取材である。当時、この取材手法は各社とも意表を突かれたのではないだろうか。この読売記者が杉本さんのような批判を他紙から受けることはなかった。

この特派員の陸自取材は実現しなかったものの、狙いの一つは日本人記者によるサマワ現地での陸自取材だった。防衛庁（当時）に出した取材申し入れの中で「今回の取材は、英軍の完全保護のもとで行われる。現時点で、民間邦人が得られる最大限の警備と安全を、メディアとして確保したうえでの取材である」（飯塚恵子「イラク取材記・再びサマワへ　報道拒んだ日本政府の閉鎖性――イラク自衛隊活動に対する詳細な検証を」新聞研究二〇〇六年八月号）と説明している。読売論説子の

杉本祐一氏は外務省による旅券返納命令を批判した。東京・永田町の参議院議員会館で（2014年2月18日）。

考える安全確保というのはこういう正規軍による記者の安全確保ということなのだろうか。

産経新聞はどうか。読売と同じ日に主張（社説）「国民を守る判断は妥当だ」で取り上げた。「邦人保護は国の責務だ。渡航先の危険が明らかである以上、法律に基づき国が旅券返納命令を出したことは妥当だろう。感情的な自己責任論に依拠することなく、国が国民を守る意思を示したものと受け止めたい」。ただ、「これを前例に同種の命令が乱用されるようなことがあれば、強く批判する。メディア規制のため、恣意的に運用することは許されない。公に資するため、そこがどうしても必要な現場であると判断すれば、政府などの意向に反して取材に赴くケースはあり得る」とクギをさしている点は読売とやや異なる。

取材を露骨に制約する政府の方針を有力紙が社説で支持を表明するジャーナリズムの状況は相当、深刻であると考えるべきである。戦後メディア史に残る事件だ。

■返納命令を批判できないマスメディア

一方、この種のテーマでは、保守的な論調の読売、産経、日経とリベラルな朝日、毎日、東京と論調が割れることが多い。「この種」とは、安全保障関連法や特定秘密保護法といった憲法上の問題にかかわるテーマのことだ。東京新聞は一面トップで取り上げたものの、社説（二月一〇日）は正面から返納命令を批判していない。「憲法が保障する『渡航の自由』は、十分に尊重されねばならない」「政府の言い分に安易に寄り添うわけにはいかない」と普段のような歯切れの良い表現ではなかった。毎日新聞の社説（同）も「政府は抑制的に対応し、今回の措置を例外にとどめるべきだ」としているが、「例外措置」がいつのまにか普通の措置になってしまった例は、総務省による放送局への行政指導や、命令・要請放送など過去にはいくつもある。朝日の社説はこの時期、見当たらなかった。読売や産経のように「妥当」とは言わなくても、反対だと指摘できないのはなぜなのだろうか。

「マスメディアに対する信頼が揺らぎ始めている」と、あえて書き出したのは、もうすぐ六年を迎える東京電力・福島第一原発事故（二〇一一年三月）でのマスメディアによる現地の取材自粛が念頭にあったからだ。政府は、現場から半径二〇キロ圏内を「避難指示区域」、二〇〜三〇キロ圏内を「屋内退避指示区域」に指定した。紛争地や被災地での取材は、記者の身の安全確保が最優先されるべきなのは言うまでもない。

しかし、当時、これらの区域ではまだ住民が生活していた。それにもかかわらず、一部のメディアを除けば、新聞・テレビの大半は、原則としてこの地域での取材を自粛した。地元の住民にしてみれば、こういう時こそ取材して全国に知らせてほしいという期待が大きかっただろう。当時、こうした取材方針が明らかにされなかったこともあってか、フリーランスや週刊誌の現地取材が批判されることはなかった。

この問題ではどうだろうか。

読売、産経は朝日新聞記者が一五年一月にシリア入りし、ルポを掲載したことに対しても批判的な記事を掲載している。読売は一月三一日の夕刊で外務省が「日本新聞協会などに対し、シリアへの渡航を見合わせるよう強く求めていたが、……」と言及。さらに世論調査を実施し、危険地域で事件に巻き込まれた場合、「自己責任」とする意見について尋ね、「その通り」とする回答が八割を超えたことを二月七日朝刊で伝えている。産経は二月一日朝刊で、匿名の外務省幹部による「記者も当事者意識を持ってほしい。非常に危険で、いつ拘束されてもおかしくない」との批判的なコメントを取り上げた。

常岡浩介さんは、「イスラム国」の支配地域に入った数少ない経験を持つフリージャーナリストの一人だ。殺害予告の動画像が公開されるとテレビ各局から出演依頼が相次いだ。しかし、自粛するテレビの内情を週刊誌に明かした内容は驚くばかりだ。いわく「あるテレビ局からは『政権批判はしないでください』と言われました」（週刊朝日）。「『後藤さんは救出できたはずだ』という発言はやめてほしいと言われました」（女性自身）。

■忖度報道

ＮＨＫの籾井勝人会長が国際放送に絡んで「政府が右というものを左とは言えない」と言ったのは三年前の一四年一月の就任会見。一五年二月五日の会見では旧日本軍の慰安婦を取り上げた番組制作について「政府のスタンスが見えない。今取りあげるのは妥当か慎重に考えないといけない」と述べた。

安倍政権は事細かく報道内容に注文を付けることは既に記したが、いまや、注文を付けるまでもなく、「忖度報道」がまかり通るような状況になっているのかもしれない。

「イスラム国」によって身柄を拘束された湯川遥菜さんと後藤健二さんの解放をめぐる日本政府の交渉を世界中が固唾を呑んで見守ったなかで、日本社会全体は「政府批判の封印」という空気に覆われた。非常時や利敵、国益という言葉が跋扈し、戦前に大弾圧を受けた共産党さえ批判を控えたことに衝撃を受けた人は、少なくないだろう。

そういう人々が、戦前社会が戦争に突き進んでいった空気と重なるのではないかと感じ取ったのではないだろうか。

日本テレビの世論調査では政府の返納命令について「妥当である」（二七・九％）、「問題点は残るがやむをえない」（五八・九％）を合わせた支持は、八六・八％にも上った。一方、「いきすぎた措置だ」はわずか八・四％。イスラム国の人質になれば、日本政府に迷惑をかける、ということなのかもしれない。二〇〇四年にイラクで支援活動などをしていた日本人三人が反政府の武装勢力によって拘束される事件が起きた。イラクで「復興支援活動」をしていた陸上自衛隊の撤退を要求されたものの、無事解放されたが、自己責任論を根拠にした批判が相次いだ。外国メディアが支援活動を勇気ある行為だと称賛したのと大違いである。

忘れてはならないのは、読売や産経の主張は日本社会にある一定の世論を反映しているということだ。マスメディアは建前では社会の木鐸（いまでは死語かもしれない）だが、常に読者や視聴者の意向を反映する存在であるのだ。読売、産経の論調はいまの世論の写し鏡なのであろう。

外務省が返納命令を出した後の二月一八日に参院議員会館で杉本さんが講演する緊急集会「パスポート返納命令を考える」が開かれた。この集会での社民党の照屋寛徳衆院議員（沖縄二区）の言葉が印象に残った。

「旅券返還命令は、沖縄県民にとってものすごいショックだった。我々には渡航の自由がなかった。アメリカが気に食わない人は日本（筆者注・本土の意味か）に行けなかった。沖縄に閉じ込められた。パスポートがなければ、本土で就職も進学もできない。沖縄に閉じ込められてしまう。取材、報道の自由だけでなく、人間の根本、人身の自由にかかわる重大問題だ」

外務省は、杉本さんからの再申請を受けて約二カ月後の四月九日、シリアやイスラム国の勢力圏があるイラクへの渡航ができないと記した渡航制限付きの旅券を発給した。そして、杉本さんは七月に「返納命令は海外渡航の自由を侵害し、違憲だ」として国に命令の取り消しを求めて東京地裁に提訴した。

集団的自衛権の行使を容認する憲法解釈の変更を受けて、自衛隊が他国の「戦闘」地域に向かう可能性が格段と高まった。マスメディアは、政府の認めた安全圏から戦争の実相を読者・視聴者に知らせられるのだろうか。

第5章　慰安婦番組改変問題とは何だったのか

■安倍首相とNHK慰安婦番組

この政治家の口から何度「公平、公正」という言葉を聞いたことだろう。既にその一部は紹介したが、報道機関に圧力をかける際に使われる「公平、公正」という常套句の始まりは、いまから一五年ほどさかのぼる二〇〇一年一月二九日だったのではないだろうか。いまは首相の安倍晋三氏は放送された当時は、官房副長官の職にあった。政治家としてだけでなく、森喜朗政権（二〇〇〇年四月〜〇一年四月）の一員としての立場もあったのである。一月二九日に何があったのか。その真相に迫ろうとしたのは朝日新聞記者であった。

二〇〇五年一月一二日、朝日は朝刊一面（東京本社版）で「NHK『慰安婦』番組改変　中川昭《ママ》・安倍氏『内容偏り』　前日、幹部呼び指摘」との四段見出しの記事を二番手で掲載した。この主見出しとは別に「2氏『公正求めただけ』」と二人の言い分を見出しでも紹介している。第二社会面にも関連の解説記事があり、「NHK側に2議員意見　幹部『圧力と感じた』放送法は『自律性』保障」との三段見出しの記事である。この二本の記事には、本田雅和、高田誠、古西洋の三人の記者の署名が入っていた。政治家による圧力を背景にした、いわゆる「NHK慰安婦番組改変問題」の発端となった記事である。

NHKは〇一年一月三〇日午後一〇時から、ETV二〇〇一「シリーズ戦争をどう裁くか　問われる戦時性暴力」というタイトルの番組を放送した。旧日本軍の慰安婦問題を取り上げた内容で、前年の〇〇年一二月に九段会館（東京）で開かれた「女性国際戦犯法廷」を舞台に、加害者側にいた元兵士と、被害者の元慰安婦の女性たちによる「法廷」での証言から、その犯罪の裁き方を国際社会に問いかける狙いだった。

しかし、この番組は放送前から波紋を広げていた。戦犯法廷を取り上げる番組をNHKが放送することが知られると、東京・渋谷のNHK放送センターには多くの右派グループメンバーが押しかけ、放送中止を求める抗議活動を展開した。番組を問題視する人々の中には国会議員もおり、保守的な思想を持つ議員が結成した「日本の前途と歴史教育を考える若手議員の会」メンバーだった中川昭一氏と安倍晋三氏はその筆頭格。中川氏は当時、同会会長、安倍氏は元事務局長という立場にあった。

朝日の記事が掲載された時期というのは、この番組の制作に協力した市民グループ「『戦争と女性への暴力』日本ネットワーク（バウネット）」が「事前説明と異なる内容で放送された」としてNHKと制作会社のNHKエンタープライズ、ドキュメンタリー・ジャパン（DJ）を相手に四〇〇〇万円の損害賠償を求めた訴訟を起こし、東京高裁での結審（一七日）が間近に迫っていた（一審は二〇〇四年三月、DJ側に一〇〇万円の支払いを命じた）。一審段階では番組の改変に政権党の政治家が関与していたことは論点とな

中川昭一氏は、放送前のNHK幹部との面会を認めた後、一転して否定に転じた。発覚当時、経済産業大臣だったが、記者会見は自民党本部で開かれた（2005年1月21日）。

っていなかった。この記事が掲載された翌一三日、番組の担当ディレクターだった長井暁氏が記者会見して、内部告発した。このため東京高裁は、結審を取り消し再び審理を始めたという経緯がある。

筆者もこの記者会見を取材したが、ジャーナリストとしての矜持を見せつけられた思いがした。二〇一六年八月に亡くなった、むのたけじさんが終戦時に記者の責任を取って朝日新聞記者を辞めた行動と重なった。このあと、続々とNHK内部から同様の内部告発者が現れるのではないかと期待を持った。

■番組改変の実態

長井氏の上司の立場のチーフ・プロデューサーだった永田浩三氏は一審・東京地裁での証言を翻し、東京高裁で政治介入を証言した。

番組は、高橋哲哉・東京大学助教授と、米山リサ・米カリフォルニア大学准教授の二人がスタジオでNHKの町永俊雄アナウンサーの質問に答える形で進行する構成だった。韓国人やオランダ人の女性が慰安婦にさせられた当時の様子を証言する映像を交えながら、慰安婦を募集する際に旧日本軍が関与していた証拠を示す文書なども映し出された。番組では法廷に批判的な識者として秦郁彦・日本大学教授のコメントが二回にわたって紹介されるなど「バランス」を取ろうとする編集姿勢が目立つ一方で、重要な証言がカットされてしまう。それは慰安婦に対して性暴力をするという加害の側にいた元日本兵による「法廷証言」である。「恥を忍んで」と苦渋に満ちた表情で当時の「犯行」を証言する元日本兵に対しては、会場から大きな拍手がわき上がる。ところが、ハイライトとも言えるこの重要な場面は、カットされてしまったのである。どのような理由からだったのだろうか。

永田氏の一審での証言はおおむね次のようだった。

――(加害兵士の証言を落とすことによって) 番組の趣旨全体が変わる編集だったのか。

永田「それはないと思います。加害者、加害兵士の方の証言も、自分たちがどんなことをしたのかということをきちんと述べてらっしゃる上で意味があるものです。ただ、それが女性法廷の中で、実際放送したものがそれがなくても基本的な要件を満たしていますし、ねらいはきちんとお伝えできているというふうに思いましたので、最終編集はそういう形になりました」。

――当日の編集ですけれども、最終的にはだれの判断でなされたのか。

永田「私と吉岡部長の判断ですけれども、アドバイスは松尾総局長からもいただいております。例えば、その加害兵士の方の証言一つとってみても、壇上で、実はこれは家族、奥さんやお子さんにも

政治介入によって番組内容が改変されたことを証言した長井暁氏（右端）。記者会見後も囲み取材に応じ、記者からの質問に答えた。2015年1月13日、東京都渋谷区のホテルで。

言っていないんだけれどもというふうなことを言いながら証言されているところがありました。これは、やはり覚悟を持って証言されているわけですけれども、ご家族はどうなのか、大丈夫なのか、放送する後で何か問題はないのかということを勘案して、最終的には放送しないという結論になったわけです。すべて、だからぎりぎりのところまでいろんな議論をしながらやっていって、最終型が放送の前にできたということです」

これが二審では全く反対の証言になるのである。

「修正箇所は元慰安婦の証言の削除と、元日本人兵士の加害体験の証言の削除でした。私としても放送当日にそういうところの削除を指示するということは、何と言うんでしょうか、あり得ないというか、見苦しいというのはちょっと言葉が正確じゃないでしょうけれど、余りのことで、まあ長井君はそのときにひゅうと奈落に落ちていくような感じがしたと私が言ったと記憶していますけれども、そんな感じだったと思います」

「切る箇所が元慰安婦の方の証言、それから加害兵士。で、私はとにかくこの期に及んでこういうものを削除するということはあり得ないし、もし本当に切るんだったら加害兵士はじゃあそうだとして、慰安婦の方の証言だけは何とか残してもらえないかということで申しました。松尾さんは、放送の責任を取るのは自分だと、で、自分が納得する形で放送をさせてほしいというふうに言われました。で私は、ここでそういう形で放送の番組尺も本来の四四分から四〇分になってしまうんですけれども、そんなことになってしまうのであれば、NHKが深手を負いかねませんよと、なんとか考え直してもらえませんかというふうに申しました」

永田氏は一審ではいわば、偽証していた（させられていた）わけだ。元加害兵士として証言した男性の一人は朝日新聞の取材に対して「放送日の二、三日前、NHKから電話があり放映を承諾したが番組では削られていた。その後何の連絡もない」（二〇〇一年三月二日朝刊）と答えている。このコメントの通りだとすれば、一審の証言はまるで説得力がない。その当事者が証言を覆したのだから裁判に影響を与えないわけがなかった。

■政治圧力を否定するNHK

一方、永田氏のせっかくの新証言だが、当時もそしていまもNHKは政治圧力を否定しつづける立場な

永田浩三氏（左）とNHKの元ディレクターで「女たちの戦争と平和資料館」館長の池田恵理子氏（2011年1月30日）。

のである。

朝日の取材に対して「圧力と感じた」と匿名で証言したNHK幹部である松尾武・放送総局長（当時）本人が一月一九日に記者会見して名乗り出て記事の内容を否定した。記事の内容をめぐってNHKと朝日が全面的に対立するという異例の展開を見せることになる。

再開した控訴審では、政治家の圧力により番組が改変されたのかどうかが焦点となった。法廷でのNHK関係者の証言は、「自主編集」を強調する経営幹部と、「政治圧力だった」とする制作現場側で激しく対立した。

「通常は放送後に疑問や意見が出てくる。この番組のように放送前から国会議員の間で話題になったり、外部の団体が抗議に押しかけてくることは私の経験では初めて。極めて異常な事態だった」

NHKで国会対策を担当していた野島直樹・

総合企画室担当局長（当時）はそう法廷で証言した。野島氏が自民党議員が番組を問題視していると知ったのは〇一年一月二五日ごろという。先に紹介した「若手議員の会」の古屋圭司衆院議員らを訪ねたところ、議員からは「番組について必ず話題にされるから説明できるように用意した方がいい」とアドバイスを受けたという。翌二六日に松尾武氏に番組内容を聞き、伊東律子・番組制作局長（当時）の部屋であった試写に同席した。

野島氏が放送（一月三〇日）の前に面会した自民党の国会議員は、古屋氏のほか安倍氏ら三人。安倍氏は放送前日（一月二九日）に松尾氏とともに訪ねた。その際に安倍氏は何と言ったのか。野島氏は「安倍氏からは、慰安婦問題がどういう経緯で出てきたのかについての一般的な話をされ、公平公正にやってほしいと言われた。（安倍氏を含めて）政治圧力はなかった」と証言した。松尾氏も同じように記者会見の際と同じように圧力を否定している。野島氏は面会理由を「ＮＨＫ予算の説明だった」と語った。

しかし、安倍氏との面会から戻った野島氏はどのような行動を取ったのか。

「信頼すべき上司から『政治家が放送を中止するよう求めた』と聞いている」

そう証言した長井氏は、安倍氏との面会後の野島氏の行動も明らかにしている。長井氏は、安倍氏との面会後にあった伊東番組制作局長室での二回目の試写に出席し、「全然だめだ。話にならない」との野島氏の発言を聞いたと証言している。この発言は永田氏も証言している。

本来、国会担当を業務内容とする野島氏が、制作現場に乗り込み二回も試写に立ち会うというだけでも異例である。野島氏は試写後に松尾氏や伊東氏と協議した。「修正箇所は、松尾さんや伊東さんらが話し合って決めた。私がリードして何かを言うことはない」と述べる一方で、「まだ偏ったものになっている

政治介入を否定する安倍晋三氏。2005年1月26日、自民党本部で。

と思い、感想を言った。修正箇所が決まったものについては語句修正の提案をした」と関与を認める証言もしている。「私だけが手が空いていた」として野島氏が永田氏に直接、五カ所の修正を指示したという。

こうした証言に対して法廷では裁判官が「国会議員にも会う立場の証人（野島氏）が（番組内容の）変更を伝えることを疑問に思わなかったのか」と質問した。これに対して、野島氏は「放送前の試写に立ち会うのは異例だが、国会対応としては必要で妥当なものだった。私の役目は国会議員の意見を代弁することではない」と反論した。

■忖度

東京高裁（南文敏裁判長）が証人採用を認めなかったため、「圧力をかけた」とされた当事者の安倍氏や中川氏らに、証人として証言してもらう機会がなかったのは残念だが、こうしたNHK関係者の法廷証言を聞いただけでも、誰もが政治介入を疑わないだろう。

東京高裁は「相手の発言を必要以上に重く受け止め、その意図を忖度《そんたく》して改変した」と認定し、NHKなど三社に対して二〇〇万円の支払いを命じる判決を言い渡した。一審はDJのみに命じられた損害賠償が三社に対してその責任を認定したわけだ。

「忖度」――。「他人の心中をおしはかること。推察　例：相手の気持ちを忖度する」（広辞苑）。政治家とNHKの関係を表現する極めてうまい言葉である。ただ、政治家の直接の圧力については「政治家が番組に関して具体的な話や示唆をしたとまでは認められない」とした。

政府・国会とNHKは、NHKの最高意思決定機関である経営委員会の委員を首相が国会の同意を得て任命し、予算は国会が承認、放送免許は総務大臣が交付するという関係にある。そういう優越的な立場に政治家はあるわけだ。それを踏まえれば、NHK幹部も政権党の政治家が「公平に」という狙いを圧力として受け取めないほど鈍感ではあるまい。戦前から終戦後の占領下、配給制となった新聞用紙で新聞界が政府に首根っこを摑まれたのと同じだ。いちいち細かく指示などしなくても、報道界は政府の意向を忖度しながら対応してきた。先に紹介した自民党が各局に出した街頭インタビューについての「お願い」は、インタビュー内容についての変化どころではない。インタビューそのものが消えてしまったというのと同じである。

その後、永田氏は著書『NHK、鉄の沈黙はだれのために――番組改変事件一〇年目の告白』（柏書房）を一〇年に出版。その中で伊東氏（〇九年死去）から聞いたとして、番組内容を変えるよう指示したのは、海老沢勝二会長（当時）だったと記している。同書には、番組制作を担当する教養番組部の吉岡民夫部長（当時）が改変箇所を書き留めた台本には「フルヤ　アベ　アライ」の手書きのメモの写真が掲載してある。もちろん、フルヤとは古屋、アベは安倍、そしてアライとは荒井広幸氏のことを指すとみられる。荒井氏は当時、自民党総務部会の部会長に就任していた。

ＮＨＫ予算は放送法で毎年、国会の承認を得ることを求められている。法定要件ではないが、ＮＨＫ予算は、自民党で審査を担当する総務部会の了解を得ることが慣例となっている。ＮＨＫの国会担当の業務の一つであり、野島氏は安倍氏との面会理由を「ＮＨＫ予算の説明だった」と語っている。〇五年一月、放送前の番組を政治家に説明することについて当時のＮＨＫコンプライアンス推進室は「通常業務の範囲内」とし、関根昭義・放送総局長も記者会見で「事業計画、予算をより多くの国会議員に理解してもらわないといかん。そのためには番組も含めて事前に説明する。当然の行為。議員に会うと圧力をかけられたんじゃないかと考えるのは短絡的。そんな自殺行為に結びつくことはしない」と述べている。伊東氏が述べた「この時期は戦えない」との言葉は関係者の間では有名だが、元慰安婦や加害者の元日本兵の証言がそのために犠牲になったわけだ。ジャーナリズムとは何か、ジャーナリストはどのような行動をとるべきなのか。多くの深刻な問題を突きつける「事件」であった。

■その後のＮＨＫ

ＮＨＫはその後、どう対応したのだろうか。

二〇〇六年三月、自民党の山本順三参院議員が国会で、永田氏が裁判所でした証言（NHK幹部の対応について「安倍さんのところへは、呼びつけられたのではなく、行ったことにしようということになったようだ」と述べた）がNHKの公式見解と異なる点を取り上げた。山本氏は「大変由々しきことだ」とただした。これに対して、橋本元一会長は「根拠がなく、大変遺憾だ。人事上の扱いは適切に対処したい」と答弁。

長井、永田の両氏は内部告発から一年半後の〇六年六月には制作現場から異動となり、〇九年一月～二月にかけてNHKを去った。「政治介入」の接点となった、野島氏がその後、NHK交響楽団の理事長に天下りになったのとは余りに対照的だ。ここでも安倍氏側の圧勝である。

ところで、安倍氏や中川氏が政治介入を否定し、また朝日の記事に「圧力を感じた」と証言した松尾氏も記事内容を否定する中で、朝日は記事そのものの正確性の証明に追い込まれた。朝日との間で訂正・謝罪要求が繰り返された。記事の核心部分で松尾氏は、どのような話を朝日記者に述べたのか。

二〇〇五年八月、番組介入問題は思わぬ方向へ動き出す。

ジャーナリストの魚住昭氏が『月刊現代』二〇〇五年九月号（講談社）に朝日記者と松尾氏ら関係者とのやりとりの詳細を記した記事を掲載する。この記事が朝日新聞社の資料を基にしたとみられたことから、自民党は役員連絡会メンバーが当面、記者会見以外での朝日記者からの取材を拒否することを決めた。政治部では記者会見以外にも個別取材のほか、記者懇談やぶら下がり、夜討ち・朝駆けといった方法で政治家取材をしているが、自粛という言葉を使ってはいるものの事実上の取材拒否である。

朝日は流出したことについて、安倍氏らに謝罪文を郵送したが、受け取りを拒否されたという。記事は、関係者の証言を暴露したもので、政治「圧力」は事実として確定するはずだった。ところが、問題は取材資料の「流出問題」として論点がすり替わっていく。原因の一つとして朝日自身が「流出」と捉えた点があったと考えられる。政治圧力の存在を証明しようとするための、資料を持つ関係者から魚住氏への「内部告発」だとすれば本来、何の問題もないはずである。

朝日は外部の有識者四人で構成する「『NHK報道』委員会」（丹羽宇一郎委員長・伊藤忠商事会長）を設置するなどして調査を進めた。九月三〇日、朝日は「記事には不確実な情報が含まれていたが、訂正する必要はない」とする最終的な見解を発表した。一方、『月刊現代』の記事掲載問題で朝日は、担当役員の吉田慎一・編集担当兼東京本社編集局長と担当部長の横井正彦東京社会部長を解職処分とした。朝日記者もほどなく異動となった。安倍首相がその一年後に父親の晋太郎氏も果たすことができなかった首相の座に上り詰めたのは周知の通りである。勝敗で言えば、取材現場の完敗であった。しかし、戦いはまだ終わっていない。

この改変問題の影響は、今も残る。

NHKの過去の放送番組は各地の放送局で視聴できる仕組みになっている。「シリーズ戦争をどう裁くか」は全四番組とも非公開で、「問われる戦時性暴力」はいまもなお、局内の関係者に対しても同様なのだという。

放送倫理・番組向上機構（BPO）の放送倫理検証委員会は〇九年四月、この問題に関する意見書を公表した。そこではNHK職員に対して「番組を自分の目で見、意見書や資料と突き合わせ、自らたしかめ、考えていただきたい」との提言が記されてあった。福地茂雄NHK会長（当時）は翌五月の記者会見で、会長自身が職員とこの問題について意見交換するのかとの筆者の質問に「職員の中でそういう声が強くあれば、考えてもいい」と述べた。せっかくBPOの意見書も後押しをしながら、これは結局、実現しなかった。職員の中からそうした動きが出なかったのだ。

一方、一部の経営委員や視聴者団体などが求めている検証番組はどうなのか。

福地会長の後任・松本正之会長に質問した。これに対して、松本会長は一一年二月の記者会見で「最高裁判決も出されたことで区切りがついたと思っている。私はNHKの原点、放送法の目的に立って、視聴者の期待に応えたいと思っている。〇一年の話だ。これまでを振り返るのではなく、これから前に向かって放送法の原点にしっかり立ってやっていきたい。(慰安婦番組については)必要な時に必要な番組を作る。それに尽きる。検証番組は制作するつもりはない」と明言した。

最高裁の判決は、二〇〇八年六月にあった。最高裁は、東京高裁が示した忖度については言及しないまま、「取材対象者が、取材対象者の言動等によって、当該取材で得られた素材が一定の内容、方法により放送に使用されるものと期待し、あるいは信頼したとしても、その期待や信頼は原則として法的保護の対象とはならない」と判断した。NHK側の逆転勝訴だった。

NHK会長は三人続けて一期(三年)で交代が続き、一四年一月に新たな会長が就任した。元三井物産副社長、日本ユニシス社長を務めた籾井勝人氏である。そして、「慰安婦はどの国にもあった」という発言に結びついていくのである。

『月刊現代』に掲載された文字資料では、安倍氏やNHKらが政治圧力の存在を認められないというのであれば、実際の取材録音の公表を朝日は検討すべきである。歴史の真相を埋もれさせてはならない。

第6章　第一次安倍政権では何が起きたのか

第二次安倍政権（二〇一二年一二月〜）で起こっている大半は、過去にあったことと驚くほど似ている。テレビ番組に対する出演拒否もそうだ。

■第一次安倍政権

二〇〇四年二月一九日と言う日は、自民党にとってさながら、テレビ朝日に対する戦勝記念日とでも言えるのではないだろうか。テレビ朝日が「誤った編集や配慮に欠けた構成があった」として、常務ら計七人の処分を発表したのである。翌二〇日、川崎二郎・自民党国会対策筆頭副委員長は「党として捏造報道の訂正を求め、毅然と対応してきた。ひとつの結論を得たと思っている」と述べた。報道によれば、この日の自民党総務会では出席者から規制を求める声が相次いだという。

中村正三郎氏「もっと報道の在り方に厳しく対処すべきだ。製造物責任（ＰＬ）法のようなものを報道に適用したらどうか」

熊代昭彦衆院議員「放送法は罰則規定がない。虚偽の報道があった場合は罰則を与えるべきだ」

額賀福志郎政調会長は、検討する考えを述べたという。

当時の幹事長は、安倍晋三氏。何があったのか。このとき、安倍執行部がテレビ朝日の番組をめぐって問題視していたのは報道番組の「ニュースステーション」(〇三年一一月四日放送)と、「たけしのTVタックル」(〇三年九月一五日放送)であった。

〇三年一一月の衆院選の最中、テレビ朝日は報道番組「ニュースステーション」で、民主党が発表した民主党政権が誕生した場合の主要閣僚構想について、約一六分間、放送した。このことを安倍氏は「選挙期間中に一党だけをPRし、選挙の公正さを著しく害した」と問題視して、開票日の選挙特番「選挙ステーション」への幹部の出演を拒否した。その二カ月前の「TVタックル」では、野党の西村慎吾議員(新進党)が一九九七年二月三日の衆院予算委員会で北朝鮮による日本人の拉致問題を質問している時に、自民党の藤井孝男議員がやじを飛ばしている様子を放送した。ところが実際は、西村議員が北朝鮮へのコメ支援問題を質問した時の映像だった。

藤井氏は、拉致問題に消極的な印象を与えたとして強く反発。これに対して、テレビ朝日は同じ九月の「ニュースステーション」(九月一九日放送)の番組に招き、意見を述べる機会を設けたほか、「誤った印象を視聴者に与える結果となり、お詫び申し上げます」との謝罪も「TVタックル」(一〇月六日放送)で行った。しかし、その後も安倍氏はテレ朝への攻撃材料に使い続けた。

広瀬道貞社長は一一月末には「私たちにも非があった」と謝罪した。それでも安倍氏の怒りは収まらなかったようだ。藤井氏は「一方的な釈明放送で、承知できない」とし、自民党は安倍幹事長名で「放送法の政治的に公平であることや自社の番組基準に違反することは明らかだ。選挙期間中に民主党一党だけのPRを行うものであり、中立人の権利を侵害している」として一二月一一日、放送倫理・番組向上機構（BPO）に審理を申し立てた。しかし、申し立てを受理した当時の「放送と人権等権利に関する委員会」（BRC）の仕組みは対象を個人に限っており、自民党のような団体の申し立ては対象外で受けつけなかった（藤井氏への申し立ては受理している）。こうした中で、翌〇四年一月には、自民党は幹部以外の所属議員全員にもテレビ朝日への出演自粛を広げたのである。

自民党による出演拒否が続く中で、ようやく決着の見通しに向けて動き出したのが冒頭に書いた二月一九日なのである。この日、テレビ朝日は謝罪と、常務など幹部ら七人を減俸やけん責処分した、と発表したのだ。

自民党は、一般議員に対しては二月二四日付、執行部については安倍氏が四カ月ぶりとなる「サンデープロジェクト」に出演する同二九日を出演自粛の解除日としたのである。同二七日の記者会見で安倍氏は「今後、テレビ朝日がBRCの審理に誠実な協力をしないとき、偏向的、不公正な報道が行われたときは、当然、出演自粛を再開する」との考えを述べている。

これに対して、民主党の岡田克也幹事長は二〇日の記者会見で、「テレビ出演を断るなどいろんな圧力があったと理解している。権力はメディアに対して謙虚でなければいけない」と自民党を批判したが、安倍氏には届かなかっただろう。その後も出演拒否、取材拒否の手法は気にくわない報道があるたびに繰り返されるのである。

■行政指導

ところで、この問題にはまだ続きがある。自民党の藤井氏の申し立てを受けて審理を開始したBPOの「放送と人権等権利に関する委員会（BRC）」（飽戸弘委員長）がテレビ朝日に対して二〇〇四年六月四日に勧告を出した。

横道にそれるが、このBRCは実はテレビ朝日と縁のある組織なのである。一九九三年の椿貞良・テレビ朝日報道局長による「椿発言」が発足の遠因となったのだ。この発言が政治問題化したあとの九五年に旧郵政省は、「多チャンネル時代における視聴者と放送に関する懇談会」を設けた。九六年一二月にまとめた報告書の中で第三者機関の設置が言及され、各局の横断的な第三者機関として、九七年、NHKと民放が出資して「放送と人権等に関する委員会機構」（BRO）としてスタートさせたのである。その中の組織がBRCであり、その後、「放送番組向上協議会」（六九年設立）内にあった、「放送と青少年に関する委員会」（二〇〇〇年設立）と、「放送番組委員会」（〇二年設立）など他の関連機関と合わせて〇三年にBPOという統一した一つの組織の下に統合されたのである。やや複雑だが、このBPOには〇七年に「放送倫理検証委員会」が新たに設けられるが、それについては改めて述べたい。

話をBRCの勧告に戻すが、BRCは、藤井氏への名誉侵害は認めたが、「名誉回復措置はとられた」と判断した。それは、テレビ朝日は先に触れたように藤井氏に「ニュースステーション」に出演する機会を作ったうえ、謝罪を「TVタックル」で行っている。このためBRCが求めたのは社内体制の改善についてで、それを勧告したのである。民主党の閣僚名簿報道については、BRCでは審理していない。BRCは「党が主体であることがはっきりしている。『申立人は、その放送により権利の侵害を受けた個人または団体の利害関係人』に該当せず、放送人権委員会の審理事案にはならない」と判断し、審理対象外としたからだ。ＢＲＣが権利侵害について政党や宗教団体を含む団体にも審理の対象とする規約に変更したのは、〇七年七月である。

総務省はこの勧告を受ける形で六月二二日にテレビ朝日に厳重注意する行政指導を行った。理由は、①誤った編集であることをテレビ朝日も認めている、②ＢＲＣの勧告でも「やじがどの発言に対応するか確認すべきなのに怠った重大な過失責任がある」とされている――ことをあげ、「ＴＶタックル」に対しては「放送番組の編集上求められる注意義務を怠った重大な過失があった」としたのである。一方、民主党の閣僚名簿報道についてはテレビ朝日の社内調査で「選挙戦終盤の企画として成立させるためには、前日、翌日などの対応について周到に企画を準備した上で放送に臨むことが当然であった。配慮に欠けた構成であり、反省すべき」とした点に注目し、「『政治的に公平であること』との関係において、放送番組の適正な編集を図る上で遺漏があったと認められる」と判断したのである。総務省による行政指導はテレビ朝日の自主的な調査結果を根拠にしているが、その調査はそもそも選挙報道の「全体としてみれば放送法及びテレビ朝日の放送番組基準の公平・公正の原則に違反していない」としているのである。

無茶苦茶な理屈である。総務省の方こそが放送法三条にある「放送番組は、法律に定める権限に基づく場合でなければ、何人からも干渉され、又は規律されることがない」とする規定に抵触するような典型的な放送介入である。この時の総務大臣は麻生太郎氏、副大臣は山口俊一氏であった。

しかし、残念なことにテレビ朝日が反発することはなかった。この日に広報部が出したコメントは「真摯に受け止め、今後も正確な報道に努めていく」というものであった。

テレビ朝日の完敗である。

第1章で、高市早苗総務大臣が放送法四条をめぐり、民主党政権下でも高市氏と同様の解釈が示されていると反論していることを紹介した。そうではあっても運用面において決定的に異なることを示す事例を示しておきたい。

BPOの放送倫理検証委員会（川端和治委員長）は二〇一一年六月三〇日、「BS11」を放送する「日本BS放送」に対して、「一党一派に偏った政治的公平性を損なっており、放送倫理に違反すると判断した」とする意見を公表している。その番組とは「〝自〟論対論　参議院発」で、同年一月一二日〜三月三〇日まで毎週水曜日の午後八時半から九時まで放送された。自とは当時野党だった自民党を指す。意見書によると、山本一太と丸川珠代の両参院議員を司会進行役に毎回、自民党の参議院議員をゲストに招いてトークを繰り広げる内容だった。出演した自民党議員は一一回の放送で計二四人（延べだと四三人）に上った。つまり、司会者とゲストすべてが自民党議員だったのである。自民党制作の広報番組ではない。れっきとした「BS11」の番組として放送されたのである。番組は時間枠のとおりに収録されて編集はされていないのだという。意見書は「BS11が番組を制作するのではなく、自民党の議員に番組の制作を事実上丸投げしたのも同然の状況が現れていたのである」とまで指摘した。

テレビ朝日の「民主党閣僚名簿報道」を問題にする見方からすれば、この番組こそ問題にすべき〝偏向番組〟であっただろう。BPOの委員会が政治的公平を損なっている、と断定したくらいだから。総務省がなんらかの行政指導をするのはそれこそ政治的に公平な法律の運用のはずであろう。

ところが行政指導はしなかった。簡単に言えば、問題が起きたのが民主党政権下であったからだ。当時、民主党政権は前年（二〇一〇年）の参院選で大敗し、国会は参院では野党の議席が与党を上回るいわゆる「ねじれ」が起きていた。自民党政権下で、民主党議員ばかりで占められた番組であれば、どのような対応を取っただろうか。行政指導をしただろうか。

この事例を出したのは、民主党だから放送の自由を尊重して行政指導をしなかったということを言いたいからではない。総務大臣が国会議員であり、放送法を所管しているという状況がいかに恣意的な運用を許しているかということを指摘したいのである。

■命令放送

「美しい国づくり内閣」――。安倍晋三首相は二〇〇六年九月にスタートさせた政権を自らそう名付けた。足元の地方行政を所管し、今後の情報インフラもカバーする総務大臣には総務副大臣の菅義偉氏が就任することになった。内閣府特命担当大臣としての所掌は、地方分権改革担当である。行政と情報の基盤整備が菅氏に委ねられることになった。首相就任前の安倍氏が対メディアでどのような姿勢を示してきたのかはこれまで例を挙げてきた。その安倍氏の懐刀でもある菅総務大臣がどのように振る舞うのかも当然注目を集めていた。

最初に狙いを付けられたのは、ＮＨＫであった。日本最大の報道機関を菅総務大臣はまずは、国策を伝える手段として活用しようとしたのである。第一は、命令放送。耳慣れない用語である。放送法は、短波ラジオ国際放送についてＮＨＫに放送事項を大臣が命令できる権限を定めており、北朝鮮による日本人の拉致問題を重点的に取り上げるようにさせたのである。放送法史上初めての個別命令だった。第二は、放送法の改正であった。放送法や電波法には放送番組の内容に関して、行政処分を出せる明確な規定が存在しない。これを番組内容について明文化しようという改正だった。そして第三は、放送法はＮＨＫの最高意思決定機関である経営委員会の委員を首相が国会の同意を得て任命すると定めており、経営委員に安倍首相周辺の人物を送り込んだのである。そして、最後になるが第四としてあげられるのが、放送局に対する行政指導の乱発であった。

総務大臣は放送免許を交付する権限を持っている。免許の有効期間は五年で放送局は五年ごとに免許を取得し直さなければならない。運転免許証のような更新とは異なる仕組みなのだ。これを再免許といっており、新たな放送免許という位置づけである。放送局の経営者は常にと言って良いほどこの放送免許によって首根っこを総務省に捕まれていることを引き合いに出し、正面からもの申すことができないと嘆く。そうした上下関係が、四つあげた菅総務大臣の放送介入とも言える事態に直面する中でも影を落とし続けた。

「拉致問題は国の最重要事項だ。北朝鮮に拉致された人が今、現実にいる。（放送法の）条文の中でできることになっており、電波を管理する担当大臣として検討している。報道の自由を制約しない中で（命令放送を）検討している」。

二〇〇六年一〇月一七日。菅総務大臣は記者会見で、記者からの質問にそう言い切った。放送法三三条は総務大臣にＮＨＫの国際放送について「放送事項その他必要な事項を指定して国際放送を行うべきことを命じることができる」と規定していた。

一方、同じ日、東京都内で二二〇人が参加して開かれた言論テロに反対する市民集会では懸念の声が上がった。（この年の八月一五日に、小泉純一郎首相が靖国神社を参拝。これに批判的だった加藤紘一・元自民党幹事長の山形県鶴岡市の実家が右翼の男によって放火される事件が起きた）。上原公子・東京都国立市長（当時）は「総務省がＮＨＫに拉致問題を重点的に取り上げるよう命令するという。民主主義にとって怖いのは情報コントロールです」と訴えた。この問題は報道関係者だけでなく、市民にも波紋を広げていた。

具体的にはどのような仕組みなのか。当時の放送事情を振り返る。

ＮＨＫの国際放送には、ラジオ放送として「ＮＨＫワールドラジオジャパン」、テレビ放送として「ＮＨＫワールドＴＶ」がある。命令放送の対象とされたラジオ国際放送は、八俣送信所（茨城県）や世界各地（九カ所）に設けられた中継所を利用して発信されている。全世界向けに日本語と英語。一七の地域向けに二一言語で放送されていた。一九五九年の放送法改正で、ＮＨＫの付帯業務から本来業務に追加され、八八年には目的に位置づけられた。

ラジオ国際放送の予算（二〇〇六年度）は、約八五億円で、このうち政府交付金は二二億五六〇〇万円。つまり、四分の三は受信料、四分の一が税金を財源としているわけだ。受信料によってＮＨＫが自主的に行う国際放送（九条）と、総務大臣の命令によって行う国際放送（三三条）は区分されて放送されているわけではなく、一体となって放送されている。従って、聴取者は番組をＮＨＫの報道なのか日本政府の国策宣伝なのかは区別できないのである。総務大臣の命令書に「一体として行うこと」とされているためだ。

ＮＨＫの国際放送は一九四五年九月に連合国軍最高司令官総司令部（ＧＨＱ）の指示により禁止される

が、四七年に再開された。五二年一月からは、占領下に制定された放送法に基づく命令放送となったが、当時は放送事項として「ニュース及び解説とし、必要に応じて音楽その他を加えるものとする」だけだった。その後、多少加わり、〇六年までの命令内容は、概ね次のようであった（一九六六年以降）。

放送事項は、次の事項に関する報道及び解説とする。

(1) 時事

(2) 国の重要な政策（六六年から八三年までは国策）

(3) 国際問題に関する政府の見解

たったこれだけである。このような大枠のみを示しただけで、具体的な内容は、すべてNHKの判断に委ねられていたのである。

旧郵政省の長谷慎一電波監理局長は、当時の放送法が「国際放送は国際親善を害するものであってはならない」としている点を上げ、「国際親善に寄与するような編集をしてもらいたいということは申し上げている。番組の内容については政府から何らの注文をしていない。その他のことについては一切言及していない」と五四年三月の衆院電気通信委員会で答弁している。「放送法にうたっていることだけを念のため（NHKに）申し上げている」。国際放送が始まる前の五一年一一月、放送法を所管することになる電波監理委員会の富安健次委員長は「番組についてはNHKの自主性に任せたい」と衆院電気通信委員会で答弁している。

当時の放送関係者の象徴的な発言がある。NHKの古垣鉄郎会長は五二年三月の参院電気通信委員会でこう述べている。「戦前及び戦争中とは趣を異にする。努めて（政府の）宣伝的色彩を避ける」。五二年当時の国際放送予算は約五七〇〇万円。政府負担は三〇〇〇万円と今日よりも多く占めていたが、ＮＨＫによる自主放送の色は今日よりもずっと濃かったのである。

そうした運用が続けられてきた中で突如として浮上したのが、菅総務大臣による個別具体的な政府の政策の命令だったのである。総務大臣経験者からも疑念が出た。

片山虎之助氏である。二〇〇〇年一二月から〇三年九月まで郵政・総務大臣だった。命令放送法問題が起きた時は自民党通信・放送産業高度化小委員長を務めていた。筆者のインタビューに当時、次のように答えていた。

「ＮＨＫの国際放送に国費を出している関係で放送法上は総務相が命令できるが、拉致問題といった特定の事項を命令としてやらせる感じになるのはいかがなものか。国際社会に日本の事情をわかってもらうことは必要だが、命令という形式は穏当でないと思う。ＮＨＫに要請や依頼をすれば済み、命令との実質的な違いは余りない。命令にこだわるのは分からない。ＮＨＫは独立した報道機関だ。公共放送であって国営放送ではない。報道の自由がある社会では、権力が放送に関与するような印象を与えるのはよくない」

片山氏はＮＨＫに、配慮を求めればいいという。しかし、それはそれで放送内容への関与と受け止められかねないので同意できないが、さすがに菅氏のやりかたは強引すぎると映ったらしい。これについて菅総務大臣は「法律に基づいて、オープンにした形でやるのが適切である」と、二〇〇六年一〇月二六日の衆院総務委員会で答弁している。実は総務省は〇六年四月に既に橋本元一ＮＨＫ会長に「拉致、テロ、自然災害について重点的に扱ってほしい」との趣旨の要請を口頭で行っていた。命令放送の伏線は菅総務大臣が副大臣だったころには既にあったのである。

NHKの現場からは当然反発が出る。NHK職員でつくる労働組合「日本放送労働組合」(日放労)は「具体的な放送内容についてはこれまでどおりＮＨＫが自主的に判断していく」とし、山越淳委員長は当時の取材に対し「個別政策について命令を出すことは明らかに政府の関与に当たる。ＮＨＫは視聴者から疑念を抱かれないよう明確なメッセージを送るべきだ」と話していた。

当事者であるＮＨＫ執行部はどのように命令放送を受け止めたのであろうか。

石村英二郎放送総局副局長（報道担当理事）は一〇月一八日の記者会見で「（政府に言われるまでもなく）拉致報道を一生懸命やっている報道機関だと自負している」と述べたうえで、命令放送が編集権を損なう恐れについての質問に対しては「ＮＨＫとしては自らをきちんと放送している」と述べ、かみ合わない回答だった。

■電波監理審議会が命令放送を「適当」とする答申

一一月八日の電波監理審議会（羽鳥光俊会長）。菅総務大臣からの諮問を受けた同審議会はわずか一時間の非公開での審議で、命令を認める答申を即日、出した。反対する委員はいなかったという。委員は、羽鳥会長（中央大学理工学部教授）のほか会長代理の井口武雄委員（前三井住友海上火災会長）、濱田純一委員（東京大学副学長）、小舘香椎子委員（日本女子大学理学部教授）、浮川初子委員（ジャストシステム専務）＝肩書はいずれも当時＝の五人。電波監理審議会は、五二年七月に独立行政委員会だった電波監理委員会の廃止を受けて設けられた機関。国会の同意を得て総務大臣が委員を任命する。羽鳥会長は答申後の記者会

電波監理審議会は命令放送を「適当」とする答申を即日出した。総務省内で（2006年11月8日）。

見で「（国民に）ご理解いただける」と繰り返した。NHKからの事情聴取も行わなかった。NHKによれば二〇〇六年三月〜九月までの間、ラジオ国際放送の北朝鮮関連ニュースは約二〇〇〇本。このうち約七〇〇本が拉致問題だったという。

当時の日本民間放送連盟会長だった広瀬道貞テレビ朝日会長は取材に対して「慎重であるべきだ」との考えを述べたうえで、「（NHKは）今回の命令に対して『YES』なのか『NO』なのか態度を表明していないが、それでは番組編成の自由を発揮できていないと思われかねない。電波監理審議会はNHKからきちんと話を聞いて妥当かどうかを判断すべきだった。本来、電監審は『既に十分取り上げている。命令は必要ない』と答申すべきで、第三者機関として十分機能しているとは言えない」と批判した。

一方、電監審委員はどのように考えていたのか。答申前、委員は取材に応じなかった。答申後に濱田純一氏に話を聞いた。濱田氏は、「委員として『適当』と判断したのは、①拉致問題の重要性は相当幅広い国民的なコンセンサスがある、②NHK自体が拉致報道を行うことに反対しているわけではない——という事情を踏まえたからだ。

命令できるテーマは拉致問題に限らない。ただ、国民の中で意見の分かれている問題やNHKが抵抗しているケースでは、政府による情報操作の懸念が高まり、憲法上の疑義が生じる。例えば核保有論は、国民的なコンセンサスはなく認められないと思う」と語っていた。「拉致問題に限らない」という認識を委員も持っていることに驚いたが一〇月一六日、松田隆利総務省事務次官も記者会見で「政権の重要課題の推移によって当然いろんな議論があってしかるべきだ」と述べている。こうした認識を総務省と委員は共有していたのかもしれない。

菅総務大臣は二〇〇六年一一月一〇日、「上記事項（先に記した放送事項）の放送に当たっては、北朝鮮による日本人拉致問題に特に留意すること」という内容の追加命令を出した。

NHKも加盟する日本新聞協会はこの日、編集委員会代表幹事の白石興二郎氏（読売新聞）の次のような談話を発表した。

「菅義偉総務大臣によるNHKへの放送実施命令は、放送法に基づくものとはいえ、報道の自由の観点から看過できない。もとより、拉致被害者を励まし、国際的な理解を深めるなど拉致問題の早期解決に国際放送が果たす役割は重要である。しかし、今回の『命令』が従来の枠を超えて具体的に放送内容を指示している点は、報道・放送の自由を侵す恐れがあり、重大な懸念を表明せざるを得ない。政府には、報道機関に対する介入を繰り返さないよう自制を求めるとともに、『命令放送』のあり方を見直すよう求める」

一二月一二日の衆院総務委員会で命令を出された橋本（元ＮＨＫ）会長は「しっかりと編集の自主、自律、自由というものを守ることが基本である」と答弁している。最後までＮＨＫは「既に十分報道しており、命令は不要だ」と言えなかった。当時、筆者は電監審が答申を出した時に次のような解説記事を書いた（毎日新聞二〇〇六年一一月九日朝刊）。

「ご理解いただける」と繰り返す羽鳥光俊・電波監理審議会会長。総務省内で（2006年11月8日）。

〈電波監理審議会はＮＨＫへの総務大臣命令の諮問に対し、約一時間の審議でお墨付きを与えた。この命令制度は、報道機関の独立性を例外的に縛る異例の権限だ。憲法で保障された表現の自由にもかかわるもので、ＮＨＫを含めた関係者から意見聴取し、慎重な議論をしたうえで結論を出すべきだった。拙速審議との批判は免れない。

政治的公平などを定めた放送法の規定に基づき総務省は近年、個別の放送番組についてテレビ局に厳重注意などの行政指導を頻繁に行っている。

今回の命令は、直接的にはNHKの短波ラジオ国際放送に対するものだが、菅義偉総務相は今後、テレビの国際放送への命令も出すという。政府の放送メディアに対する規制強化の流れの延長線上に命令放送問題は位置づけられる。

NHKは公共放送だが国営放送ではない。本来、菅総務相が命令放送方針を明らかにした時点で、明確に反対の意思を示すべきだった。旧日本軍の従軍慰安婦問題を取り上げた特集番組の改変問題でNHKは政治との距離を問われたが、再び政治に対する弱腰を露呈した。放送法で保障された「放送の自由」を守ることに対する放送事業者のあいまいな態度が、菅総務相の強気な姿勢を招いたとも言える。命令放送制度は、政府の報道介入の根拠になるとの批判は識者にも強く、放送法改正に向けた議論を始めるべきだ〉

放送法の改正について濱田委員は「テレビへの命令を含めて現在の制度を慎重に運用するのが良いのではないか。政府の命令部分とNHKの自主放送が一体となっている点は、それ故にNHKの編集権が尊重され、政府の恣意的な放送を防ぐ効用がある」との見解を示していた。

なるほどと思わせる部分もあるが、国民のコンセンサスがあろうとなかろうと、政府が直接、放送内容に関与できる仕組みはおかしい。どの先進国でも採用していない制度なのだ。

参院の議席を野党が多数を占める「ねじれ国会」の下で、放送法は二〇〇七年一二月に改正された。命令放送条項（三三条）は修正され、命令という言葉はなくなり、要請に変更となった。ただ、NHKには応諾する努力義務が課せられ、結局、実態は変わらないのではないかという指摘もある。民主党は自民党との法案の修正協議で命令放送の廃止を主張した。しかし、自民党が難色を示したため、要請放送の対象を▽邦人の生命、身体及び財産の保護にかかる事項▽国の重要な政策にかかる事項▽国の文化、伝統及び社会経済にかかる事項▽その他国の重要事項――の四項目に変更となった。これまでより限定したというが、「その他国の重要な事項」という何でも入れられる根拠となり得る項目があっては限定になっていないのではないか。

また、総務大臣にNHKの編集の自由に対する配慮規定を設けることで折り合った、としている。これもそもそも放送法は、放送番組の自由を保障しており、同じことを別の表現で改めて確認したに過ぎないのではないだろうか。

二〇〇八年度から要請放送制度に変更となった後も引き続き、民主党政権下も含めて「北朝鮮による日本人拉致問題に特に留意すること」との文言は毎年、明記されている。NHKは要請を応諾するに当たって「一般的に言えば、個別具体的な要請は、放送の信頼性、客観性に疑念を抱かせるおそれもあり、その応諾には慎重な判断が必要と考える。今回の要請に応じても番組編集の自由が確保していけるものと判断した」とのコメントを出している。つまり、要請放送制度に反対しないのである。

命令放送・要請放送をめぐっては、無効確認を求める裁判も起きている。

二〇〇九年三月、大阪地裁（西川知一郎裁判長）は「命令放送及び要請放送の性格にかんがみると、命令放送及び要請放送に係る権限を有する機関（総務大臣）の判断は、事柄の性質上高度の政治性を有するものであるということができるから、その判断の適否は司法審査になじまないところがあるということができる」として訴えを認めなかった。「法律に書いてある」を全面に掲げた拡大解釈の面目躍如と言ったところか。

■拡大解釈と総務大臣権限の強化

二〇〇七年は、年明け早々から報道界を大きく揺さぶる大問題が発覚した。フジテレビ系列の関西テレビ（本社・大阪市、千草宗一郎社長）が制作する情報バラエティー番組「発掘！あるある大事典Ⅱ」でのいわゆる「データねつ造」問題である。一月七日（日）に放送された同番組が納豆にダイエット効果があると放送した。番組の反響は大きく、翌日、全国の小売店の店頭から納豆が消えるという事象が起きたという。『週刊朝日』が「納豆ダイエット」の効果に疑問を持ち取材を始めた。一月一八日に関西テレビに質問書を出したところ、関西テレビは二〇日に緊急の記者会見を開き、ねつ造を公表したのである。関西テレビが公表した主な改ざん内容は、①アメリカのダイエット研究でやせたことを示す写真は無関係、②テンプル大学教授のコメントは実際にはしていない内容だった、③中性脂肪が正常値になったとしたが、測定はしていなかった、④二パック納豆を朝全て食べるのと朝晩に分けて食べることを比較した実験結果は架空だった、⑤八人の実験では血液を採取したものの検査は行わず数字は架空のものだった——などで、一つの番組の中でいくつものねつ造やデータの改ざんが見つかったというのだった。他の放送回でもねつ造疑惑が相次いだ。一九九六年から始まった「Ⅰ」を含め五二〇回に上る放送回数を数えたが、一月一四日の放送で打ち切りとなった。

関西テレビは、外部の有識者五人による「発掘！あるある大事典」調査委員会を設け、過去の放送分を含めてねつ造などの有無の調査に乗り出した。委員は、熊﨑勝彦（弁護士、元東京地検特捜部長）、音好宏（上智大学助教授）、鈴木秀美（大阪大学大学院高等司法研究科教授）、村木良彦（メディア・プロデューサー、元テレビマンユニオン代表）、吉岡忍（作家）＝肩書は当時＝の五人である。

三月二三日に公表された報告書は、「納豆ダイエット」以外にも「原意を意図的に無視したボイスオーバー、実験データの『改ざん』、実験等の不適切な取り扱い、演出の行き過ぎなど、調査委員会が把握した不適切な放送回、あるいは不適切と考えられ得る放送回」は、関西テレビが制作を委託した「日本テレワーク」から再委託を受けた「アジト」（「納豆ダイエット」を担当）が九件、アジト以外が六件あったと指摘した。ただ、この六件については「『ねつ造』そのものにあたると考えた放送回はない」としている。関西テレビは四月一九日、日本民間放送連盟の会員の除名処分を受けた（二〇〇八年四月一七日、会員活動制限のまま復帰。その後、一〇月二七日に完全復帰となった）。

放送法改正案についてテレビ局に対する「抜かずの宝刀」と述べた菅義偉総務大臣。2007年4月13日。

一方、「あるある問題」は連日、新聞、テレビが大きく取り上げ、社会問題に発展したこともあり、菅総務大臣も乗り出す。もちろん、法運用の強化、法規制のためで、放送界全体を巻き込んでいくことになる。電波法第八一条が使われた。

「放送法において総務大臣は、国際放送を行うべきことを命じることができるとされている。法律上、指定する事項についての制限はない」。菅総務大臣はそう言い切ってNHKの短波ラジオ国際放送に対する追加の命令に踏み切ったが、法律に書いてあれば放送の自由を制約する恐れがあろうとも適用するという手法が、今回も発揮された。電波法八一条は総務大臣が「無線通信の秩序の維持その他無線局の適正な運用を確保するため必要があると認めるときは、免許人等に対し、無線局に関し報告を求めることができる」と規定している。

『安倍官邸とテレビ』（集英社新書）の著者の砂川浩慶・立教大学教授（メディア総合研究所所長）によると、八一条の立法趣旨は、例えば東京スカイツリーが地震で倒壊したが、放置したままにしているといった施設管理上の問題や、免許交付に関係する放送事項や時間などを記した「業務日誌」の抄録の提出を想定しているものだ。具体的な番組内容に適用するには無理があるのではないか、と指摘する。安倍政権下での行政指導ではないが、菅総務大臣が総務副大臣だった二〇〇六年八月に総務省はTBSに対して行政指導を行った。TBSが制作した旧関東軍の「731部隊」に関する特集（「イブニング・ファイブ」、七月二一日放送）で、特集と関係のない安倍晋三官房長官（当時）が映ったパネルが画面に映り込んでいた。記者が電話取材する場面の背景にあり、数秒流れた。総務省は「放送番組の適正な編集を図る上で、遺漏があった」として厳重注意した。その際にTBSに報告を求める根拠としたのが八一条だった。これは、電波法の制定（一九五〇年）後初めてであった。それを関西テレビのケースでも適用したのである。

総務省近畿総合通信局（武内信博局長）が「放送番組内容に事実とは異なる内容が含まれていることが判明したことに関する報告の要請」について二〇〇七年一月三〇日に報道発表した。番組編集に関する事実関係や原因などについて報告を求めたのだという。法律の拡大解釈ではないのか。この点について近畿総合通信局の担当者は当時、「厳密に言うと、無線局そのものは設備だとされている。しかし、設備を運営するに当たり、放送事業者としての考え方や運営の仕方をきちんとしておかないと無線局は適正に運用できない。幅広く八一条を解釈した」と説明していた。こういうのを世の中では拡大解釈や恣意的解釈と言うのではないだろうか。

それでは放送法や電波法に規定がない場合はどうするのだろうか。菅総務大臣は二月九日の衆院予算委員会で、放送法の改正を表明したのである。

斉藤（斗）委員　「発掘！あるある大事典」で、あるある大事件になった。放送法があるし、電波法があって、電波は公共財ですからきちっとやっていただきたい。

菅総務大臣　今、事実関係を報告させており、事実でないことをあたかも事実のように放送して、放送法違反であることは間違いない。さらに必要な報告を求めて、厳正な処分をしたい。昨年も四件、実は行政指導があった。深刻な状況であり、法改正も含めて検討して、しっかりと再発防止策を講じていきたい。

総務省はこの二日前の二月七日を期限に関西テレビに対して八一条に基づく報告を求めており、同時にこの日からＮＨＫや民放に対して番組制作会社との契約関係や番組のチェック体制について、ヒアリングを開始していた。そうした状況下での法改正発言であった。

菅総務大臣は、具体的にどのようなイメージを抱いていたのか。この当時、菅総務大臣は「行政指導と行政処分との間には余りにも開きがある。表現の自由を守りながら何らかの再発防止策が必要だ」との発言を繰り返していた。つまり、総務省としては注意や厳重注意、警告といった行政指導の次に強い手段として行政処分を行いたいが、現行の電波法七六条だといきなり三カ月以内の無線局の運用の停止（停波）、放送免許の取り消しになるので、その中間的な措置を命じられる権限を盛り込む狙いだったのである。

菅総務大臣は三月三〇日、アジト制作の八番組にねつ造があったとして、行政指導では最も重い大臣名の警告を関西テレビに対して行った。そして、四月六日、放送法改正案が国会に提出された。問題発覚からわずか三カ月後である。その内容は次のとおりだった。

（資料の提出）

五三条の８の２　総務大臣は、放送事業者（受託放送事業者を除く）が、虚偽の説明により事実でない事項を事実であると誤解させるような放送であって、国民経済又は国民生活に悪影響を及ぼし、又は及ぼすおそれがあるものを行い、又は委託して行わせたと認めるときは、当該放送事業者に対し、期間を定めて、同様の放送の再発の防止を図るための計画の策定及びその提出を求めることができる。

２　総務大臣は、前項の計画を受理したときは、これを検討して意見を付し、公表するものとする。

この条文について菅総務大臣は、二〇〇七年五月二二日の衆院本会議で次のように述べている。

「虚偽の説明により事実でない事項を事実であると誤解させるような放送により、国民生活に悪影響を及ぼすおそれ等がある場合、総務大臣は、放送事業者に対し再発防止計画の提出を求めることができることとしております。本法律案において新たに設けることとされております再発防止計画の提出の求めに係る規定については、放送事業者が虚偽の説明により事実でない事項を事実であると誤解させるような放送であって、国民経済または国民生活に悪影響を及ぼし、または及ぼすおそれがあるものを行ったことをみずから認めた場合のみを適用の対象とすることといたしております。なお、今般の再発防止計画の提出の求めに係る規定の新設と時を同じくして、日本放送協会及び民間放送事業者が自主的にＢＰＯの機能強化による番組問題再発防止への取り組みを開始したことにかんがみ、ＢＰＯによる取り組みが機能していると認められる間は、再発防止計画の提出の求めに係る規定を適用しないことといたします」

菅総務大臣は行政処分ができるこの条文について「みずから認めた場合のみを適用の対象とする」と述べているが、行政実務でそうした運用が可能なのか。「政治介入」をめぐってでさえ、放送局の経営者と報道・番組制作現場で見解が異なる場合があるのは既に見たとおりだ。総務大臣はそう答弁しているが、事実かどうかの最終的な判断は結局は役所が判断するようなのである。小笠原倫明・総務省情報通信政策局長は一一月二九日の衆院総務委員会で「総務大臣が放送事業者に報告を求めた場合、放送事業者は、まず、みずからそうした虚偽の説明による放送があったか否かというのを御判断されることになると思います。総務大臣としては、こうした放送事業者からの報告を踏まえて、つまり、いわゆる事実でないことというものの最終的な判断を総務大臣が行うことになるものでございます」と述べているのだ。そもそも菅総務大臣は「事実でないことをあたかも事実のように放送して、放送法違反であることは間違いない」と虚偽放送だと決めつけた国会答弁をしたのは二月九日だ。先に示したようにこの日、菅総務大臣は法改正を表明した。関西テレビが最終的に報告をとりまとめたのは三月二〇日だが、それ以前に断定しているのである。菅総務大臣は法案の趣旨説明（〇七年五月二二日）の衆院本会議の際にBPOが機能しているときは適用しないと述べているが、総務省がBPOの取り組みを評価しているとは言い難い。二〇一五年のNHK出家詐欺にかかわる「クローズアップ現代」のやらせ疑惑問題では、BPOが意見書をとりまとめる半年も前に早々と厳重注意をNHKに行っているのである。

そもそも放送制度上の問題もある。

内閣を構成する政治家である大臣が放送内容に関連して行政権限を行使できる仕組みを採用している国は世界的に見ると異例なのである。欧米主要国では、影響力の大きい放送を政府が悪用しないよう一定の距離を持った独立規制機関が放送行政を所管しているからだ。

国立国会図書館が当時作成した資料によると、米FCC（連邦通信委員会）は上院の同意を得て大統領が五人の委員を任命。英OFCOM（通信庁）の執行委員一〇人のうち委員長を含む六人の非常任委員には通信産業の経営者やジャーナリズムの研究者が含まれる。仏CSA（視聴覚最高評議会）でも大統領らが指名する九人の委員にはジャーナリストや有識者が含まれる。独は州単位に設けられる「メディア委員会」などがあり、ある州の委員会はジャーナリスト協会や労働組合、州議会など社会各層から選ばれた二五人で構成されている。これらの国々では単に政府からの独立性だけでなく、社会の多様性も考慮されているのである。政府は、国会図書館のこうした資料を政策の参考にしたらどうだろうか。

繰り返しになるが、日本の放送法や電波法は、GHQの占領下にあった五〇年に制定された当初は、行

ＢＰＯ・放送倫理検証委員会の発足を前に記者会見する広瀬道貞・民放連会長、飽戸弘・ＢＰＯ理事長、橋本元一・NHK 会長（右から）(2007 年 5 月 10 日)。

政委員会である電波監理委員会による所管を前提としていた。ところが五二年四月に独立を果たすと、日本政府はさっさと同じ年の七月には委員会を廃止してしまい、旧郵政省の所管としてしまったのである。しかし、その旧郵政省もこうした立法の経緯を踏まえて番組内容にかかわる行政処分には慎重な運用だった。

例えば、一九七七年四月の衆院逓信委員会で旧郵政省の石川昇夫・電波監理局長は「（郵政省は）番組の内部に立ち入ることはできない。放送法違反という理由で行政処分をすることは事実上不可能だ」との考えを述べている。菅総務大臣が提出した放送法改正案は従来の見解から真っ向から対立する。

二〇〇七年四月一三日の記者会見で質問が出た。「電波監理局長答弁に拘束されないということなのか」。これに対して、菅総務大臣は「それはそう思う」と述べている。放送法改正案を閣議決定した後の四月六日の記者会見で菅総務大臣は新たな権限について「抜かずの宝刀」と表現した。放送局への威嚇という本音が出たのであった。

放送法改正の動きを受けて、二〇〇七年五月一二日に放送界はBPOにこうした放送倫理問題を扱う新たな機関として「放送倫理検証委員会」を設けた。自主規制の強化で総務省による番組介入を未然に阻止しようというのである。行政処分条項は、法案提出後にあった〇七年七月の参院選で安倍自民党が大敗してねじれ国会となったことで、自民党と民主党の修正協議の結果、放送法改正案から削除されることになる。同年一二月に修正協議が成立した時は安倍首相は退陣し、政権は福田康夫氏に移っていた。総務大臣はこの年の四月まで岩手県知事を務めていた建設省出身の増田寛也氏である。ただ、衆参総務委員会の付帯決議には次のような項目が盛り込まれた。

「放送番組の適正性に関し、放送の不偏不党、真実及び自律の十分な確保に向けて、BPO（放送倫理・番組向上機構）の効果的な活動等が図られるよう、関係者の不断の取組みに期待するとともに、政府は、関係者の意向も踏まえつつ、その自律的な取組みに資するよう環境整備に配慮すること」（参院総務委員会〇七年一二月二〇日）。

付帯決議の狙いはBPOへの政府関与を国会が後押ししようというのだろうか。

■支持者を経営委員長に起用

第一次安倍政権下で忘れてはならない放送への介入の一つに、NHK経営委員の人事がある。最も露骨であったのが安倍晋三氏を囲む経済人の集まりである「四季の会」のメンバーであり、当時、富士フイルムホールディングス社長（現在は会長）を務めていた古森重隆氏を経営委員に任命したことであった。放送局に対して行政処分を可能にする放送法改正案が国会提出されるさなかでの新たな放送への介入であった。

既に述べたように経営委員は、国会の同意を得て首相が任命する仕組みとなっている。古森氏は、保険金の不払い問題が社会問題化した東京海上日動火災保険社長の石原邦夫前委員長の残りの任期を引き継ぐ形であった。委員長は、経営委員の互選と放送法には規定されており、首相が任命する権限はない。ところが、安倍政権は委員長含みでの任命というのだから、大きな論議を呼んだのは言うまでもない。これに加えて、放送法は経営委員の欠格事項として、テレビやラジオなどの受信機や電波の送信機メーカーの役員らを挙げている。富士フイルムホールディングスの子会社には富士フイルムやフジノンといった会社があり、放送用のビデオテープやカメラレンズを製造し、ＮＨＫに納入している。ビデオテープの正式納入は一九六三年。レンズも六四年の東京五輪の中継用として採用されているなどＮＨＫとは長く取引関係にあった。二〇〇四年にはハイビジョン用のズームレンズをＮＨＫと共同開発している。これに対して総務省放送政策課は「送信機、受信機を製造していないと認識しており、古森氏の委員への内示は放送法に抵触しない」との見解を示していた。こういうときの放送法の解釈は厳格だ。経営委員については総務省も人選に関与しているのだから反対するわけがあるはずはないのだが、放送番組に関与できるように、あるときは法律を幅広く解釈し、ある時は厳格に適用する——そういう総務省の都合良い運用姿勢が浮かび上がる。こうした解釈は、古森氏が就任した後もしばしば行われる。当時、富士フイルムホールディングスの株式の五〇・二％は外国法人が所有していたことも国会では問題視された。しかし、結局、古森氏は野党の反対の中で与党の賛成多数で国会同意となった。

古森氏と同時期に就任した経営委員に小林英明氏がいる。小林氏は弁護士で安倍氏のスキャンダルを取り上げた月刊誌『噂の真相』(二〇〇四年休刊)を相手にした損害賠償訴訟の代理人を務めていた。いわば、両委員とも「お友達」の起用だったのである。

小林氏をめぐっては後日談がある。経営委員の任期は三年で、満了を迎える二〇一〇年は民主党政権下。再任されるケースが多い中で小林氏はされなかった。ところが、第二次安倍政権下の二〇一四年に発覚したNHK子会社「NHK出版」と「NHKビジネスクリエイト」の二社の架空発注問題に絡んで、籾井勝人会長が直轄の組織として設けた「NHK関連団体ガバナンス調査委員会」の委員長に起用されるなど再び関係を深めた。小林氏は、籾井氏が社長を務めていた日本ユニシスの顧問弁護士であり、調査委員会に参加した八人の弁護士全員が小林氏の事務所に所属していた。調査委員会の活動は五カ月間で「さらなる不正はなかった」との報告書をまとめたが、支払われた報酬総額は約五六二二万円(実働一三七六時間)だった。野党側は「報酬としては高い」と国会でも追及した。籾井会長は「妥当な金額だ」と問題視しなかった。

話を経営委員長人事に戻す。

二〇〇七年六月二六日の経営委員会は、安倍政権の意向通りに古森氏を委員長に全会一致で選任した。議事録に記載のある選任経過の関係部分は次の通りである。

〈経営者としての実績や東京在住であることなどの選考基準が提起され、他にも委員からは、NHKはさまざまな問題を抱えており、委員長には企業の経営者が好ましいこと、経営委員会を円滑に運営するためには、東京在住が望ましいこと等の意見が出され、複数の候補者の中から古森委員が推挙された。古森委員が所属する企業とＮＨＫとの取引は当該企業の〇・〇二％程度であり、特別な利害関係にはないことや本人の意思を確認した後、全会一致で古森委員を経営委員会委員長に選任。これ以降、古森委員長が議事をとり、委員会として多賀谷委員を委員長職務代行者に定めた〉

すべての議事進行が事前にお膳立てされた株主総会のようである。経営委員会後の会見で委員長代行になった多賀谷一照氏（当時は千葉大学教授で、現在は獨協大学教授）は、委員長の選考基準を示しただけで詳細なやりとりは明かさなかった。経営委員だった小林緑氏（国立音楽大名誉教授）が〇八年になってから東京都内で開かれたシンポジウムで当時の雰囲気を明かした。小林氏によると、経営委員長が選任された時は既に委員を退いていたが、自分が出席する最後となる六月一二日の経営委員会で「古森委員長内定」が就任前から報道されていたことから、これについての見解を執行部に尋ねたところ、橋本元一ＮＨＫ会長（当時）は「今回の議題ではない」と退けたというのだ。経営委員の主導権が執行部側にあったことを伺わせるエピソードである。橋本会長は半年後に古森氏に事実上、首をすげかえられるが（ＮＨＫ会長は経営委員会が任命する）、この時はよもや予想はしていなかったであろう。経営委員会では小林氏に同調する発言は出なかったという。議事録には小林氏の問題提起した発言は記載されていない。

古森経営委員長は、これまでの委員長と異なり強引な運営が目立った。例えば放送番組について。〇七年九月の経営委員会では「選挙期間中の放送は歴史ものなど微妙な政治的問題に結びつく可能性もある」と執行部に注文を付けた。七月の参院選で安倍政権は大敗し、退陣する中での発言であった。古森氏が具体的にＮＨＫのどんな番組を念頭に置いていたかはわからないが、この注文は、安倍氏が官房副長官だった〇一年一月、松尾武放送総局長ら幹部に「公平・公正な報道をしてほしい」と述べたことを想起させた。

安倍氏の歴史観を色濃く反映したものだと受け止められ、「編集権に対する介入」との批判を招いた。同じ年の一二月に成立した改正放送法には古森氏の発言を受けて、経営委員が個別の放送番組の編集に関与することを禁止する条文が議員修正で盛り込まれたのである。

さらに古森経営委員長は、〇八年三月には「（外国と日本との間で）利害が対立する問題については、国益を主張すべきだ」と執行部に求めた。「世界の常識、歴史に基づいて日本の権利である国益を主張するのは何の間違いもない」。いわゆる国益発言である。籾井会長が二〇一四年一月の就任会見で述べた「国際放送では政府が右と言っているものを我々が左と言うわけにはいかない」との内容と通底している。二人ともNHKの国際放送は、国営放送という認識なのだろう。

古森氏は、委員長在任中、政治家との距離も危うかった。NHKの国営放送化を探る自民党の有志議員グループメンバーで、富士フイルム出身の武藤容治・衆院議員の「励ます会」の発起人となり、二月二六日の会合では、挨拶までしていたことが国会で取り上げられた。〇八年三月と六月のことである。古森氏は四月八日の経営委員会で「武藤氏は富士フイルムで一〇年以上勤めた。あくまでも社長として出席した。委員長として出席したものではない」と釈明した。

こうした古森委員長の振る舞いに批判的な委員もいた。保ゆかり氏である。議事録によると、〇八年一二月に退任した保氏は最後の経営委員会で「最後まで気になるのは、自主自律の堅持や不偏不党といったことに対する不信感が一部に根強く見られるということだ。重く受け止めていただきたい」と述べている。

古森氏は、〇七年六月二六日の経営委員長就任会見で次のように述べていた。

「政治との距離については、経営委員長として後ろ指をさされるようなことはしない。企業のトップとして政治家と会う機会はあるが、特定の人に偏っているわけではない」。

安倍晋三首相が関係する六つの政治団体が二〇一四年に集めた政治資金は、一億八四七三万円。古森氏が会長を務める富士フイルムは一二年以降、政治資金パーティーで毎年一〇〇万円以上を出している。政治資金収支報告書に記載のあったものだが、両者の強い絆を示すものだろう。経営委員長在任の一年半。古森氏の振る舞いは就任会見で述べたように視聴者に果たしてどのように映ったのであろうか。

■単独出演を要請

二〇一四年の衆院選の直前に自民党がテレビ局に要請文書を出したり、〇三年の衆院選でテレビ朝日の「ニュースステーション」報道で出演拒否をしたりするなど、安倍首相が仕切る選挙では報道機関が繰り返し狙い撃ちにされてきたことには既に触れた。

過去にはほかにもある、二〇〇四年の参院選。このとき安倍首相は、自民党幹事長だった。当時の首相は、小泉純一郎氏。小泉内閣の閣僚三人（中川昭一経済産業大臣、麻生太郎総務大臣、石破茂防衛庁長官）の国民年金の未納問題が発覚し、当時の流行歌「だんご3兄弟」になぞらえて「未納3兄弟」と批判が巻き起こった。政治家の年金未納問題は与野党に広がる。自民党は苦境に直面する中で参院選を迎える。どのようなことがあったのか。毎日新聞（七月八日朝刊）によると次のようにことがあった。

安倍幹事長名の「緊急・重要」と題された六月一六日付文書が候補者の事務所にファクスされた。内容は「一部テレビ報道等の報道機関において、取材の一部のみを取り上げた意図的な編集と報道が散見されます」とあったらしい。TBSの番組に出演中の「アベコレ発言」の源流を見るような感じだ。文書は「取材の申し込みを受けた際、どのようなテーマと趣旨なのか等を必ず書面で確認するなど十分注意するとともに、取材の全部について、音声録音あるいはVTR録画等を記録として残されますようお願いいたします」と続く。これと同時にマスメディアに対しても気に入らない報道についてはその都度、「かみついた」という。前年の衆院選と同様、まず標的になったのが「ニュースステーション」。年金問題特集で「政治的公平が疑われる」とかみついた。六月二六日のことだ。この日、自民党は、「全国紙や在京キー局、地方紙や外国メディア、週刊誌編集部など二〇〇~三〇〇カ所に『公平な放送が行われることを強く望む』とする文書をファクスした」という。対象はテレビだけでなく、新聞にも広がり、民主党、共産両党の選挙区の「ママさん候補」を取り上げた朝日新聞の記事にも、甘利明・筆頭副幹事長名で、比例代表には自民党もママさん候補がいるので公平に取り扱うよう求める通知書を送った。対象は報道機関だけではない。他党にも及んだ。「みどりの会議」代表の中村敦夫さんのホームページに掲載されたマッド・アマノ氏のパロディーを「事実に反する」として削除を求めた。こうした自民党の対応に各社とも反論したことは言うまでもない。この参院選での安倍幹事長の発言は、自民党の劣勢もあって過激さを増した。

「この法律を何とか作らせないよう、北朝鮮がいろいろな圧力をかけてきました。大変なお金を使いました。工作を行った。テレビ局、新聞社にも行ったんです。学者や評論家、コメンテーターにも行った」

これは、北朝鮮制裁の一環として二〇〇四年六月に成立させた「特定船舶入港禁止特別措置法」について言及したものだが、あたかも報道機関側に北朝鮮から工作資金が渡っていたかのような発言を各地の街

自民党からの削除要求について記者会見するマッド・アマノ氏（右）とみどりの会議の中村敦夫代表（2004年7月2日）。

頭演説などで繰り返した。報道側から見れば、票目当ての荒唐無稽な根拠のない暴論である。しかし、安倍幹事長は、投票翌日（七月一二日）の記者会見で「いろんな情報を得て、あえて北朝鮮側に警告を発した」として具体的な根拠も示さないまま撤回しなかった。

そして、幹事長から首相として戦うことになった三年後の〇七年七月の参院選。このときは、さらに露骨な要請も行っている。自民党は六月二七日、NHKと民放キー局の記者（平河クラブキャップ）に対して安倍首相の出演条件を示した。「報道番組にこだわらない」「出演は単独か小沢（一郎・民主党代表）との討論形式で」。野党の六、七党党首の出演する討論番組は、出ないというのだ（例外としてNHKの日曜討論など）。

公示（七月一二日）前とは言え、国会が閉会し、事実上の選挙戦がスタートしている中での単独出演や二大政党のみに出演の機会を与えることは、それこそ、安倍首相が繰り返し言ってきた「政治的公平」を定めた放送法の倫理規定に反する恐れがある。各局に打診した自民党の山際大志郎報道局長（衆院議員）は毎日新聞の取材に「極力（テレビに）出るようにしたいという、首相自身の意思を伝えた上で、公平に応じるという姿勢を示した。要請したわけではない」と答えている（七月八日朝刊）。各局とも慎重な構えだった中で、公示前に単独出演した局は、日本テレビ（五、六日）、ラジオ日本（六日）、テレビ東京（六日）、テレビ朝日（一〇日）。日本テレビは「今夜はどの番組よりも早く安倍総理にお越しいただきました」とニュース番組の中でわざわざ言及している。各局とも他党の主張の紹介を出したり、民主党の小沢一郎代表や鳩山由紀夫幹事長をVTR出演させたりなど工夫したが、野党から首相の単独生出演は、破格の扱いに映り、批判の矛先は放送局にも向けられた。共産党は六月二九日、「特定の政党に偏らず各党公平な扱いが必要だ」との申し入れをNHK、民放の九局に行った。また、社民党は七月一一日に「放送倫理・番組向上機構（BPO）」に「各局に自主的な検証を促し、（BPOも）選挙報道についての検証を希望する」との申し入れを行った。

安倍首相は、先に触れたように二〇〇三年一一月、テレビ朝日の「ニュースステーション」で民主党政権が誕生した場合の閣僚名簿を取り上げたことに強く反発し、所属議員の出演拒否で対抗し、「選挙と報道の問題について、公正な報道を心がけなければならないテレビ局が一方に加担した形となった」（〇四年二月の記者会見）と批判した。しかし、今度は自ら進んでテレビ局に自民党への加担をさせようとしたのである。

第二部　戦時報道体制

2004年11月30日、東京で化学テロが起きたことを想定した図上訓練が実施された。有事の際に政府への協力を義務づけられた指定公共機関である東京のテレビ・ラジオ10局も初参加した。テロ発生の第一報が政府からファックスで送られてきた。東京・赤坂のTBSラジオで。

第1章　特定秘密保護法

1　特定秘密保護法シミュレーション　私、捕まるんですか

研究職一筋の佐藤一にとって、想定していなかった畑違いのマーケティング部門への異動だった。数カ月ほど前、特殊開発部長の山元芳に呼び出され、「栄転だよ。栄転。技術の分かる人ということで強い引きがあったんだよ。一〇月から君も主任職だ。おめでとう」と突然、告げられた。

S電機は昇進を強調したが、いまでは、本当の理由を、防衛省が「テロリスト」と自分を疑ったからだと思っている。

■勤務先が軍事産業へ参入

ちょうど、一年前のことである。

佐藤が率いた暗視技術のプロジェクトが防衛省の目にとまり、陸上自衛隊が進める、次世代暗視装置の開発に共同で取り組むことになったのだ。

夜行性動物の撮影のために始めた研究は一〇年以上に及ぶ。人間の目には見えない特殊な光線を照らすと、日中のような鮮明な映像を映し出すことができる技術は、防犯カメラに応用され、会社の売り上げを飛躍的に伸ばした。

軍事産業への参入は、中堅にとどまるS電機にとってさらなる成長の足がかりとなる。

開発部長の山元はこの時、

「このプロジェクトは、君なしには成り立たない。武器輸出も規制が緩和された。世界中に売れる商品にしたい。大いに期待している」

と、佐藤を持ち上げた。山元は担当役員のいすを狙っているとのもっぱらの噂だ。

「会社のためにも日本のためにも頑張ります。宇宙産業にだって進出できますよ」

佐藤は誇らしげに答えた。研究費が増えると有頂天になっていた。

会社はほどなく、防衛省と契約を結んだ。開発にかかわることになる佐藤を含む選抜された五人の技術者の名簿が防衛省に提出された。

数週間して防衛省から二人の職員がS電機にやってきた。首から「適性評価実施担当者証」と顔写真入りの身分証を下げた二人の男女のうち、年配の男が説明を始めた。

「特定秘密保護法という新しい法律が施行されました。これから開発に参加していただく暗視技術については、この法律に基づいて特定秘密に指定する予定です。そこでこの法律では『特定秘密』を取り扱うことになる人、つまりここにお集まりいただいたみなさんが、外部に情報を漏らしたりしないかどうかの審査をします。『適性評価』と呼んでいる、この審査をみなさんは受けなければなりません。拒否することもできますが、その場合は開発に参加していただくことはできませんので、その辺はよく考えて下さい」

説明が終わると、女がアンケート用紙を配布し始めた。男は、

「みなさんにご記入いただいた情報でこちらが分からないことについては会社だけでなく、友人や外部の団体にもお聞きすることになると思います」と続けた。

アンケート用紙のタイトルには、「適性評価に当たってのお知らせ（告知書）」「適性評価の実施についての同意書」「公務所又は公私の団体への照会等についての同意書」。表紙の真ん中に「質問票（適性評価）」と大きくかかれた用紙はおよそ三〇枚にも上る。

佐藤は質問事項にざっと目を通した。家族の住所、氏名といった定型的な情報だけでなく、帰化の有無や国籍。さらに「特定有害活動及びテロリズムとの関係」といったこれまでの人生とかかわりのない項目も並ぶ。内心、「面倒だな」と思った。それでもその日のうちに書き上げ翌日、会社に提出した。

その後何の音沙汰もなかったのだが、同意書を出したことさえ忘れたころに突然、山元部長に呼び出された。

「会社がいま、組織の効率化を進めていることは君も知っているだろう。君くらいの入社年次の社員には一層活躍してもらう方向で検討しているんだ。とりあえず、この書類に署名してほしい」

とまくしたて、佐藤に適性評価に関する同意の取下書を押しつけた。

「どういうことですか？　私を外すということですか」

と、質問するのが精一杯だった。

■学生時代に受けた取材

マーケティング部に異動してしばらくすると、パソコンで作成された速達の手紙が佐藤に届いた。差出人は心当たりのない女性の名で消印は「市ヶ谷」とあった。

「突然のお手紙をお許し下さい。私は御社からの研究員とともに防衛省内で暗視技術の開発に携わる者です。佐藤様が開発した基本技術をそのまま盗むようなことになったのは研究者として非常に心苦しく思っております。なぜ、佐藤様がこのプロジェクトに参加できなくなったのか、知る限りのことをお知らせしたいと思います」

佐藤は驚いた。会社は防衛省との共同開発プロジェクトから外した理由について組織改革の一環としか説明しなかった。

やはり、本音はほかにあったのか。

「防衛省には情報保全隊という名称の組織があります。自衛隊という組織に反対する団体や個人を継続的にマークすることが役割の一つです。この組織による情報収集活動の実態は私ども内部の者にもわかりません。ただ、一〇年ほど前になります。イラクのサマワに陸上自衛隊が派遣されることになり、全国で派遣に反対する激しい市民運動が起きました。派遣問題に対して外部に何も話すな、という箝口令も出たほど緊張感に包まれていました。その際に収集対象になった中に佐藤様がいらっしゃったようなのです。

何かお心当たりはありませんか」

佐藤は、手紙を持つ手が震えているのが自分でも分かった。

心当たりは一つだけあった。政治的な運動などまるで興味のなかった大学院生だったが、学内では前年のイラク戦争に反対する運動が盛り上がり、その余韻がまだ残っていた。いよいよ、年が明けて陸上自衛隊の先遣隊が派遣されようとしている当時、キャンパスを研究室に急いでいると新聞記者から呼び止められた。

「ニシヤマ」と名乗る自分とはあまり年齢が変わらない女性の記者だった。

「あのー、自衛隊がイラクに行くことになったんだけど若い人ってどんなふうに考えているのかな。君は賛成、それとも反対?」

と聞かれた。

何にも考えていない。「イラクに自衛隊が行くんですか?」と質問したほどだ。マスコミのインタビューなど初めてだったので、とっさに

「私は理系の学生です。科学技術は戦争と結びついてこれまで発展してきました。しかし、それは過去のことです。科学は軍事用に転用できますが、人殺しには協力したくありません」

と興奮して答えた。顔写真の撮影にも応じた。

翌日朝刊を買った。社会面には丸くくりぬいた自分の顔写真とともにコメントが掲載された。見出しは「兵器開発には協力できぬ」。

そんなに気の利いたコメントだったのかと少し誇らしく思ったが、悪友からは大いにからかわれた。

手紙の主が言っていることは、これ以外に考えられない。

「佐藤様の当時の行動が審査の過程で問題になったようでした。情報保全隊の当時の資料には『反自衛隊活動』に分類されて、記録されていたようです。佐藤様が本当に『テロリスト』と無関係なのかを審査の担当者が御社や出身大学にも問い合わせたそうです。しかし、審査結果が出る前に御社が自ら取り下げてしまったと聞きました。どうも佐藤様に対して、万が一にでも『不適任』との結果が出てしまうことがあれば、S電機の利益を損なうと判断したそうです。佐藤様の暗視技術を引き継いだ私たちが必ず日本の防衛に役立てます」

もう、その後の文章までは読み進めなかった。たった一つの記事だけで「反自衛隊活動」の烙印を押され、テロリストの疑いをかけられてしまうのか。あの記事のコメントだって思いつきでしゃべったに過ぎない。

「人殺しには……、協力したくありません……」。佐藤の口からこぼれた。そして、ニシヤマ記者に会おうと思った。

■「ブラック国民リスト」を追う

K新聞社会部の西山曜子記者がS電機の佐藤一の訪問を受けたのは、年の瀬も押し詰まったころだった。

西山は一〇年前に佐藤を取材したことなどすっかり忘れていた。長身とひげのそり残しは、当時の記事の顔写真と重なった。佐藤は西山の顔を覚えていない。しかし、ボブカットで化粧っ気のない顔には親しみを持った。

応接室のソファに腰を下ろすと、佐藤は、自分の履歴書を読み上げるように研究職を外されるまでの経緯を淡々と説明した。

「あの記事が今ごろになって、そんなことを引き起こしていたんですか。しかし……どうもすみません」

西山は、大きな目を潤ませながら深々と頭を下げた。研究職を失った佐藤の喪失感を思うと、ただ謝るほかなかった。

西山は社会部記者と言っても警視庁や東京地検といった捜査当局を取材する記者ではない。最近は犯罪被害者の問題を追いかけている。

「佐藤さんは、冤罪の被害者だと思います。報道の被害者かも知れません」

「いいえ、お伺いしたのは、苦情を言うためではありません。私のように左遷された人はほかにもいるのではないかと思ったからです。この手紙は防衛省の人が寄越したものです」

手紙の最後の部分を指し示した。そこには、「新聞記事まで調査対象になったのかと、私も不思議でした。身元審査は、一九省庁で行ないます。省庁ごとに運用に違いがあると『縦割り審査』とマスコミの非難を受けかねません。そこで、各省庁が洗い出したこれまでのテロリストやスパイの疑いがある人物を内閣官房が集約して判断することになったようです。防衛省では情報保全隊が集めた情報だけでなく、情報公開を請求した人を調べたファイルもあります。これも特定秘密です」

とあった。

防衛省のこうした情報収集は、裁判所から違法だとの指摘を受けている。しかし、その後も改めなかったということになる。

ブラック国民リスト――。特定秘密保護法の運用に必要なリストづくりが密かに進められていた。

西山は、これは内部告発だと直感した。大きなネタが降ってきたと武者震いした。

「実は手紙の主は、S電機に来た防衛省の女《ひと》だと思うんです」

「どうしてそう思うんですか」

「今は暗視技術の開発にかかわっています。同僚に私のことをしきりに聞いてくると言うんですよ」

佐藤はその女の丸顔でおちょぼ口の小柄な容姿をはっきりと覚えている。二人はまず、この女に接触することにした。

■違法性ない人たちを調査

手紙の消印には「市ヶ谷」とあった。が、共同開発は目黒駅近くにある研究所が拠点だ。大きな樹木が鬱蒼としている広大な敷地には正門と裏門があり、研究員たちは住宅街に面した裏門を利用している。

東京にも初霜が降りたある日、二人は女性が仕事を終えて出てくるのを待つことにした。週末なので残業で遅くなることはないだろうと踏んだのだ。西山は雪国生まれとはいえ、寒い時期の張り込みは辛い。母が編んだ赤いマフラーを首にしっかりと巻いた。

辺りはすっかり暗くなり、裏門前の街灯だけがまぶしかった。濃紺のスーツの上に黒のダウンジャケットを着込んだ佐藤は、口数も少なく、ただ門を見つめていた。

人影も途絶えた頃、三人の職員が現れた。男二人に挟まれた小柄な女性が一人いる。

「あっ、あの真ん中の人です」

固まって上り坂を歩く三人の後をつけた。目黒駅に着く手前で女性は同僚と別れた。男同士で一杯ひっかけに行くのだろう。手はず通り、佐藤は後ろから「すいません、S電機のサトウです」と声をかけた。

振り向いた女性は、佐藤の顔を見上げると、声を出せないほど驚いた。

「あのー、あの、サトウさんですか?」

西山が二人の間に割って入った。

「私はサトウさんの友人です。ニシヤマと言います。連絡をお待ちします」

と言うと、告発専用のメールアドレスを記した名刺を右手に素早く握らせ、軽く会釈して立ち去った。

「本当にいまのでいいんですか?」

佐藤が訝しむと、「本気で内部告発の意思があれば必ず反応はあります。中途半端な気持ちだったらどのみちうまくいきません……」

数カ月後、長文のメールが来た。

「西山様　ずいぶん悩みましたが、ご連絡することにしました。ご想像の通り、佐藤様にお手紙を差し上げたのは私です。人事交流の一環で身元審査に関わりました。いまは元の職場に戻ってS電機との共同開発に携わっております」

西山が睨んだとおりの「ブラック国民リスト」の詳細が赤裸々に書かれていた。イスラム教のモスクに熱心に通っている信者。防衛省の研究所に頻繁に資料調査に訪れている研究者。情報公開請求の常連。自衛隊員に突撃取材するジャーナリストといった何の違法性もなく生活している人たちも含まれていた。内部告発をした動機も分かった。夫は、大学の研究機関に勤めていたが、成果を同僚に横取りされ、心を病んでしまっているのだ。

西山はどうしても証拠として「ブツ（現物）」がほしかった。写真画像でもいいので提供してくれないか、と頼んだ。

■目をつり上げる編集局長

それからほどなくして、西山は編集局長の本山龍平に呼ばれた。本山も社会部出身だが、捜査当局ばかり担当してきた。

「君は、政府が持っているという不審者リストを探しているそうだね。しかし、国が持つのは当たり前だと思わないかい。ニュース価値がどこにあるのか、僕には分からないなあ」

と一方的にしゃべり始めた。

「しかも、公安の担当記者によると、そもそもそんなリストは存在しないという見方もあるそうじゃないか」

「リストは間違いなく存在します。関係者の証言もあります。犯罪を起こした人だけなら私だって、問題にしません」

西山の反論に本山の目がつり上がった。

「実は、警視庁が任意で君から話を聞きたいと言ってきている。容疑は、特定秘密保護法違反だというんだ。秘密を持っている人に対して、情報の提供を働きかけるだけでも立件できるというんだよ。しかし、記者に事情聴取なんてことをしたら言論弾圧だと批判されて、困るのはむしろ警察じゃないか。そう言って今は撥ね付けているところだ。でもね」

本山は、ひと呼吸置いて続けた。

「金融緩和で、株式市場が活況を呈していると言っても新聞業界は不況だ。我々もいまは、消費増税でいろいろお願いしないといけないこともある。僕の立場からは取材するな、とは言わない。君も中堅だ。分かるね」

と言って、話を一方的に切り上げようとした。

西山は納得しなかった。

「ちょっと待って下さい。記事にはできないということですか」

本山は、ドアの方に指先を向けて西山に退室を促すと、

「そうそう、公安担当が幹部にこう言われたそうだよ。『おたくの西山記者と、防衛省のA・Mさんはいくら女性同士だからと言っても仲が良すぎる』って。取材源に食い込むのは記者の仕事だ。しかし、それを守れないというのでは、記者としては失格だよ」

「あっ！」

呼吸が荒くなり、全身に寒気が走った。

情報源は当局に割られていたのか——。

Ａ・Ｍへの接触には細心の注意を払ったつもりだった。なぜ分かったのか。

社会部の自分の机に戻ると、一番下の引き出しの奥からＡ４判の分厚いファイルを取り出した。携帯電話で撮影した画像をプリントアウトしたものが綴られている。画質は悪いが、はっきりと内容は分かる。

それこそが「ブラック国民リスト」だった。五十音順に「対象者」の名前が並べられ、顔写真入りもある。ファイルを机の上に置くと、パソコンの画面に向かった。インターネットの検索エンジンに入力した文字は、

「退職届　書式」

西山はこの日、「元新聞記者」になる覚悟を固めたのだった。

■違法行為の告発で懲戒免職

西山曜子とＡ・Ｍが落ち合ったのは、新橋の古びた雑居ビルの地下だった。ひとけのない夕方。「とむず」と看板にあるカウンターだけの店だ。

着物姿の君香は、店のマダムで西山が学生時代にアルバイトしていた時からのつきあいになる。

「このお店は裏の業務用エレベーターからだと、誰にも気づかれずに直接、入れるんです。お話しした通りの道順で来たらたぶん、尾行はできないはず。防犯カメラもないし。君香さんも口が堅いし、客も常連ばかり」

Ａ・Ｍは酒が飲めないというので、君香はホット・ウーロン茶を手際よく差し出した。

長い沈黙の後に西山は自分が犯した〝致命的なミス〟を思い切って打ち明けた。

「MさんがS電機の佐藤さんに手紙を出したことが分かってしまったみたいなんです。……本当に、申し訳ありません。記者失格です」

「実は、身元審査に使うリストをお送りしてからしばらくして、審査にかかわった職員への調査が始まりました。私も呼ばれました」

調査は、佐藤一がリストの情報公開請求を防衛省にしたことがきっかけだった。請求した内容が非常に細かく、「外部に漏れたに違いない」と省内は大騒ぎになったというのだ。

「S電機の審査に加わった人は多くありません。すぐに私が〝犯人〟だと突き止められてしまいました」

西山はA・Mから聞いたリストの内容を「極秘に」と佐藤に釘を刺してはいた。

「毎日、出勤はしていますが、憲兵隊みたいな自衛隊の警務隊と警視庁の公安の人から入れ代わり立ち代わり詰問されているんです」

「Mさんは違法なリストの作成をマスコミに教えただけです。日本の法律は、内部告発者を守らなければなりません」

西山の正論も励ましにならなかった。

「話そうと思ったのは、身元審査のひどさです。佐藤さんの母親の再婚相手は、アジア出身の方だったことも問題になったようです。手紙には書けませんでした。それと、ごめんなさい。西山さんの名前も出してしまいました。あんまり、追及が厳しくて……」

A・Mはそれきり押し黙った。

西山は、

「一つ、私に考えがあります」

と言って、目の前の水割りを飲み干した。

■編集局長室の「密談」

K紙の編集局長の応接室には局長の本山龍平と社会部長、それに事件担当のデスクが集まっていた。

社会部長が報告した。

「防衛省は警視庁と合同で捜査しているようです。西山は特定秘密保護法に規定のある報道の自由の配慮条項に基づいて書類送検はしないことにしたそうです。ただし、リストの存在について記事にはしないでほしい旨の示唆がありました」

「それで、Mさんはどうなりそうなの」

と本山が尋ねると、担当デスクが、

「書類送検すると言っています。そのタイミングで官邸が発表するようです。地検とは起訴猶予にすることで折り合ったみたいです」

「いちばんカンカンだった警視庁公安部ですが、裁判になってリストの有無が焦点になるのを嫌って矛を収めたようです」

社会部長が付け加えた。

「記事内容は報道発表に合わせる。違法なリストの存在が判明したという独自ニュースにはしない。政府の言い分もしっかり書いてバランスを取ってくれ。記事は西山君ではなく、政治部に書いてもらう」

本山は、足早に部屋を後にした。

■シラを切る官房長官

西山はA・Mと別れると、その足で園田久生弁護士を事務所に訪ねた。冤罪や犯罪被害者の救済に取り組む人権派のベテランとして知られる。西山も園田からの「ネタ」でスクープを書いたこともある仲だった。

園田は書類が積まれた机の上でパソコンに向かっていた。突然の面会に「忙しいんだけど」と言いながら、招き入れてくれた。

「先生にお願いがあります。記者会見を開いてもらいたいんです」

唐突な申し出に園田は目を丸くした。

西山は今度は丁寧に佐藤への取材に始まり、K紙では記事にするのは難しいこと、A・Mが事情聴取を受けていることなどを話し、「このままではうやむやになってしまいます」と訴えた。

「新聞記者が入手した資料を第三者が記者会見して公表するとなれば、新聞社で問題になるんじゃないの」

「いいえ、会社は入手したことをまだ知りません。大丈夫です。……のはずです。でも世の中に知らせることの方が重要です」

「それではリストの情報源は『関係者』とだけの説明にして、私が独自に入手したことにしよう。防衛省だけでなく警視庁も持っているわけだから、関係者はたくさんいる」

記者会見の場所は、霞が関の弁護士会館と決まった。

「ありがとうございます。感謝します」

「内部告発者がいないと、日本の情報公開は進まない。政府は違法行為もやり放題だよね。もしその人に何かあったら、弁護は引き受けるよ。そう伝えて」

記者会見の日。会場には多くの報道機関が詰めかけた。新聞社だけでなく、テレビ局やネットメディアのカメラが何台も並んだ。

特定秘密保護法にかかわる政府の違法行為という事前の会見案内はマスコミの興味を引いたようだった。

首相官邸ではただちに反応があった。

同じ日の夕方の須田官房長官会見で園田が公表した「ブラック国民リスト」に対する質問が出たのだ。

「弁護士の方が本日、記者会見したことは承知しております。しかし、ブラック国民リストとか違法なリストといったものを政府が保有しているという事実は一切ありません」

須田は顔色ひとつ変えなかった。

「ところで、特定秘密にかかわる情報漏れの疑いがあることから内部調査を実施しておりました。防衛省の職員が部外者からの不自然な働きかけを受けていたことが判明しました。これを上司に報告する義務を怠ったこと。また、実際に漏洩の確認はできませんでしたが、漏洩の意思が認められたことから、当該職員を本日付で懲戒免職としました」

　とA・Mの処分を続けて発表した。

「立件する予定ですか?」

「働きかけたのは弁護士ですか?」

　マスコミの関心は、リストの存在よりも刑事処分の行方に早くも向けられていた。

「本日、自衛隊警務隊が特定秘密保護法違反の疑い、漏洩の未遂ですね。東京地検に書類送検しました。後者の質問については現在調査中です」

　日本のマスコミは、政府が認めないと「裏が取れていない」と判断して、報道しないか、報道したとしても扱いを非常に小さくする傾向にある。続報も出ないまま、一過性の単なる情報として終わってしまうのだ。

「負け戦だったか……」

　西山は記者会見を会社のテレビで見ながらつぶやいた。社会部長のレターケースにそっと一通の封筒を入れ、会社を出た。

　西山の携帯電話の呼び出し音が鳴った。S電機の佐藤からだった。

「母の家に警視庁の刑事が突然来て、私の義父が捕まったというんです。私が余計な正義感を出したばっかりに……」

　慌てていて、言葉が聞き取りにくかった。

　義父は日本にいる外国人を相手にした国際携帯電話サービス事業を営んでいる。お客の中にテロリストが交じっていて、容疑はその活動を支援したということのようだった。佐藤は、目を付けられたのは、義父が外国籍であることを防衛省の身元審査で正直に申告したからではないか、と疑っている。

特定秘密保護法は、個人情報を目的外で使うことを禁止している。しかし、審査方法が秘密である以上、説明はいくらでもつく。

ブラック国民リストの存在を突き止めようとしたことへの意趣返し？

西山の頭に嫌な予感がよぎった時、左手から携帯電話がするりと落ちた。

「冤罪なんです、冤罪なんです」

受話器からは、佐藤が繰り返す悲壮な声が漏れていた。

2　特定秘密とは何か

国の安全保障にかかわる重要な情報を漏らした公務員らに厳罰を科す「特定秘密保護法（特定秘密の保護に関する法律）」が施行（二〇一四年一二月一〇日）されて二年が過ぎた。内閣官房や防衛省・防衛装備庁、警察庁・公安調査庁、外務省など一一の政府機関が指定した特定秘密は四八〇件にも及ぶ（一六年六月末現在）。安倍政権は、「テロとの戦い」を挑む米国など「同盟国」との情報共有を進めるために必要な制度だという。その一方で、この特定秘密保護法によって国民の目に永久に触れることのない秘密もあるだろう。国民の知る権利や、それに奉仕する役割を担う報道機関にとっては、大きな壁として立ちはだかる。

特定秘密保護法が抱える問題点を表現・報道の自由を守る立場から検討を加えたい。

「各国の情報機関との情報の交換、政策における意見の交換を行っていく上では、秘密を厳守することが大前提だ。NSC（国家安全保障会議）の機能を発揮させるには、どうしても必要だ」

安倍晋三首相は二〇一三年一〇月二一日の衆院予算委員会でそう力説し、特定秘密保護法案を同二五日に閣議決定して、衆院に提出した。特定秘密保護法は、全二七条。目的を示す一条では「安全保障に関する情報のうち特に秘匿することが必要なものについて（略）収集し、整理し、及び活用することが重要であることに鑑み、漏えいの防止を図り、我が国及び国民の安全の確保に資する」と定めている。

まず、はじめにこの法律ができる前の国の秘密制度は、どうなっていたのかを見ておきたい。国の中央省庁が保有していて公開しない情報は、情報公開法に基づく請求の対象外とする「不開示」、行政機関が各省庁ごとに定めた規則に基づく「省秘」、そして、安全保障や外交上の秘密など国家の重大な情報を政府の統一基準によって指定する「特別管理秘密」（特管秘、特定秘密制度の創設にともなって廃止）の大きく三段階に分かれる。「省秘」についてだが、外務省には「機密」「極秘」「秘」の三区分があり、このうち機密が「特管秘」に該当する。警察庁は「極秘」と「秘」の二区分。警察庁の極秘は外務省の「機密」と「極秘」を合わせたような定義となっている。

これらの順に対象範囲が広く、情報管理が厳重になっているというイメージだ。

特管秘は、第一次安倍政権（二〇〇六年九月～二〇〇七年九月）が設けた「カウンターインテリジェンス推進会議」の基本方針に沿って、二〇〇九年四月に施行された制度で、法律には基づいていないが、自衛隊法の改正（二〇〇一年）で導入された「防衛秘密」制度（防衛秘密は、特定秘密に移行）とともに特定秘

特定秘密保護法案に反対して、約１万人（主催者発表）が参加した集会（2013 年 11 月 21 日、東京日比谷野外音楽堂で）。

密保護法のモデルとなった。防衛関係にはほかにも、一九五四年に締結された日米相互防衛援助協定（ＭＤＡ）に伴う秘密保護法によって「特別防衛秘密」として定められた秘密保護制度がある。国家公務員法の守秘義務に違反すると、一年以下の懲役又は五〇万円以下の罰金。防衛秘密の漏えいは五年以下の懲役。そして、特別防衛秘密と、日米地位協定の実施に伴う刑事特別法（一九五二年）の米軍機密については漏洩だけでなく収集・探知に対しても一〇年以下の懲役だ。

国家機密の漏洩を処罰する法案は過去には、自民党が一九八五年に国会提出した「国家秘密法案」があるが、今回の法案は特定秘密の対象を防衛、外交に加え、スパイ、テロといった治安分野に広げた点に特徴がある。特定有害活動とは、外国の利益を図る目的で行われる「安全保障に支障を与えるおそれがあるものを取得する活動」と定義。核兵器はもちろん、化学・細菌兵器や、これらを運ぶことができるロケットなどの機材の輸出入を具体的に明記した。一方、テロとは「政治上その他の主義主張に基づき、国家若しくは他人に強要」したり、「社会不安を与える目的で殺傷したり、施設を破壊する活動」と定義されている。

■源流は第一次安倍政権

特定秘密保護法制の整備に向けた日本政府の取り組みは、第一次安倍政権が二〇〇七年八月に米国と締結した軍事情報包括保護協定（GSOMIA）まで遡る。

この協定は、米国と同レベルの秘密保全を義務づけていた。内閣に情報機能強化検討会議が二〇〇六年一二月に設けられ、続く福田政権下で「官邸における情報機能の強化の方針」が〇八年二月にまとめられる。当時の町村信孝官房長官を中心に進められ、同年四月には、二橋正弘・官房副長官を議長とする「秘密保全法制の在り方に関する検討チーム」が設けられ、政府は法制化に向けて乗り出した。構成員は、柳澤協二・官房副長官補、池田克彦・警察庁警備局長、北田幹直・公安調査庁次長らで、当初から治安・公安分野も視野にあったことが顔ぶれからもうかがえる。〇九年七月には「情報保全の在り方に関する有識者会議」が設置され、「検討チーム」が〇九年四月に作成した報告書「秘密保全法制の在り方に関する基本的な考え方について」についてのお墨付きをもらうスケジュールで進められていた。自公政権時代の委員は委員長が西修氏（駒澤大学教授）で、委員が北岡伸一氏（東京大学大学院教授）、寺島実郎氏（多摩大学学長）、永野秀雄氏（法政大学教授）、春名幹男氏（名古屋大学大学院教授）、前田雅英氏（首都大学東京大学院教授)。ところが、〇九年九月の民主党政権の誕生で一旦、中断することになったのだ。

再び動き出すことになったのは、民主党の菅政権だった二〇一〇年一二月だ。仙谷由人官房長官を委員長とした「政府における情報保全に関する検討委員会」が発足した。沖縄・尖閣諸島沖で中国漁船と海上保安庁の巡視船が衝突した様子を撮影した映像が一〇年一一月にインターネットの動画投稿サイトに流出したことを受けて、仙谷官房長官が制定に意欲を示したことがきっかけになった。この時期は、警視庁公安部が作成したとみられる国際テロに関する捜査資料のネット上への流出が重なり、情報保全が政治問題化した。

自公政権時代に中断していた有識者による検討が二〇一一年一月からメンバーを変えて再開されたわけだ。民主党政権では座長は縣公一郎氏(早稲田大学政治経済学術院教授)。委員は、櫻井敬子氏(学習院大法学部教授)、長谷部恭男氏(東京大学大学院法学政治学研究科教授)、藤原静夫氏(筑波大学法科大学院教授)、安富潔氏(慶応大学法科大学院教授)が起用された=肩書はいずれも当時。有識者会議での検討は、「特別秘密」の範囲や罰則などあらかじめ内閣官房内閣情報調査室の事務局が準備した論点を担当者が説明し、委員が意見を述べるという形で進められた。この当時の呼称は「特定秘密」ではなく、「特別秘密」だった。

報告書案がまとまる六月までの半年間にわずか計六回(各二時間程度)という少ない会議の回数と短い期間で作成できたのは、自公政権時代に作られた素案があったからだ。有識者会議は同年八月に「報告書」を公表する。この報告書が法案のたたき台になる。

報告書は「国民の知る権利等との関係」の項の中で、「本法制は、ひとたびその運用を誤れば、国民の重要な権利利益を侵害するおそれがないとはいえない」とし、「国民においてはその運用を注視していくことが求められる制度であることは、特に強調しておきたい」と記している。そもそもこの報告書がどのような議論を経てつくられたのかも秘密になっている。NPO法人の情報公開クリアリングハウス（三木由希子理事長）が自公政権時代の資料を情報公開請求したところ、開示された文書は、真っ黒。有識者会議は議事録を未作成のまま、事務局の担当者は議論の内容を記したメモも破棄していた。簡単な概要しか知ることはできない。

しかし、最も重要なのは、特定秘密制度を作らなければならないような事態に直面しているかどうかであろう。

安倍首相は二〇一三年（平成二五年）一〇月一七日の参院本会議で過去一五年に五件の公務員による主要な情報漏えいを把握していると必要性を訴えた。具体的には次の通りである。

(1) 海上自衛隊三等海佐が在日ロシア大使館の海軍士官に資料提供（懲役一〇月、自衛隊法違反）＝二〇〇〇年

(2) 海上自衛隊三等海佐がイージスシステム関係データを別の三佐に送付（懲役二年六月・執行猶予四年、MDA秘密保護法違反）＝二〇〇七年

(3) 内閣情報調査室職員が在日ロシア大使館書記官に職務に関して知った情報を提供（起訴猶予、国家公務員法違反）＝二〇〇〇年

(4) 防衛省情報本部所属の一等空佐が中国潜水艦動向を新聞記者に提供（起訴猶予、自衛隊法違反）＝二〇〇八年。安倍首相は特定秘密に該当すると答弁

(5) 海上保安官が中国漁船による巡視船衝突の様子を撮影した映像をインターネットに流出（起訴猶予、

国家公務員法違反）

これらの情報漏えいした職員はいずれも懲戒免職か停職処分になっているが、刑事事件としては最高で懲役二年六月、実刑は一〇月。しかも、五件に含まれている尖閣ビデオ映像流出事件では、国家公務員法（守秘義務）違反容疑で書類送検された海上保安官は結局、不起訴（起訴猶予）だった（停職一二カ月の懲戒処分・依願退職）。このビデオが特定秘密に当たるかどうかについて、内閣官房は「特定秘密に指定するまでの秘匿の必要性がない」との見解を示している。何のことはない、現行法ですべて対処できているのである。

つまり、そもそも立法すべき事実があるのかどうかさえ疑わしいのだ。

3　特定秘密保護法の概要

■二七万件の特定秘密

特定秘密制度は、防衛、外交、特定有害活動（スパイ）の防止、テロリズムの防止――の四分野の中で、公になっていないもののうち、安全保障に著しい支障を与えるおそれがあるため特に秘匿が必要なものを「特定秘密」と定め、閣僚ら行政機関の長が指定するという仕組みだ。

法律の別表に、四分野ごとに項目が明記されている。例えば、▽防衛は①自衛隊の運用、見積もり、計画、研究②防衛関連の電波情報、画像情報、その他の重要な情報など一〇項目▽外交は、外国や国際機関との交渉内容や方針などのうち、国民の生命及び身体の保護、領域の保全その他の安全保障に関する重要なものなど五項目▽特定有害活動は、特定有害活動の防止に向けた措置、計画、研究など四項目▽テロリズムの防止は、テロリズム防止に向けた措置や研究など四分野の計二三項目に上る。特定秘密保護法の運用基準はさらに具体化した、五五の細目を明示している。

行政機関の長は、こうした①別表の該当性、②非公知性（現に不特定多数に知られていないか）、③特段の秘匿の必要性（我が国の安全保障に著しい支障を与える事態が生じるおそれがあるか）――に照らして、五年を期限として指定する。

五年の期限満了となった特定秘密の再指定もその理由を明らかにすれば可能だ。三〇年を超えると五年ごとに内閣の承認を得る必要があり、三〇年を超えた文書はすべて国立公文書館に移管される。三〇年以下については、公文書管理法に基づく文書の取り扱いルールに則り、移管されるか、首相の同意を得て廃棄されることになる。

ただ、指定期間が二五年を超える特定秘密については、歴史資料として重要かどうかを評価し「特に慎重に判断」と運用基準は示した。つまり、国の安全保障上、重要な情報として厳重に管理されてきた特定秘密であろうと、確実に国立公文書館に移管されるようにはなっていない。

特定秘密保護法は、秘密指定の最長期限を原則として六〇年としているが、当然抜け道もある。

①武器、弾薬、航空機その他の防衛の用に供する物（船舶を含む）、②現に行われている外国（本邦の域外にある国又は地域をいう）の政府又は国際機関との交渉に不利益を及ぼすおそれのある情報、③情報

特定秘密保護法案について説明する内閣情報調査室の立法担当者たち＝東京・永田町の参議院議員会館で（2013年10月21日）。

収集活動の手法又は能力、④人的情報源に関する情報、⑤暗号、⑥外国の政府又は国際機関から六〇年を超えて指定を行うことを条件に提供された情報――の六要件に加え⑦として、①から⑥に掲げる事項に関する情報に準ずるもので政令で定める重要な情報――に該当する場合も「六〇年期限」の例外としている。①~⑦に該当する情報こそが特定秘密に本来は指定するもので、他は特定秘密とは言えないのではないかと思わせる「例外」規定なのである。

　行政機関の長とは具体的には、外務大臣、防衛大臣、国家公安委員長などだ。特定秘密を指定できる権限を持っているのは、国家安全保障会議（三）▽内閣官房（六四）▽内閣府▽国家公安委員会▽金融庁▽総務省（三）▽消防庁▽法務省（一）▽公安審査委員会▽公安調査庁（一六）▽外務省（三九）▽財務省▽厚生労働省▽経済産業省（四）▽資源エネルギー庁▽海上保安庁（一七）▽原子力規制委員会▽

防衛省（二八八）▽防衛装備庁（一六）▽警察庁（一九）――の二〇の機関。このうち、一一の機関が二〇一六年六月末で、計四八〇件の特定秘密を指定している＝括弧内の数字は各機関が指定した特定秘密の件数。

こうした特定秘密に指定された行政文書（特定秘密文書等）の数は、一七万二〇二〇件（二〇一五年末現在）で、前年末より八万二八二件増えた。先に紹介した特管秘はこれらの省庁と重なる計二三省庁が管理規定を定めて、一六省庁が計約四二万件を指定していたので、これよりは絞られた形だ（特管秘は二〇一二年末現在で、内閣官房が暗号や情報収集衛星の画像などで三一万八〇〇〇件と最多。外務省は一万八〇〇〇件、警察庁一万二〇〇〇件だった）。これは特定秘密の定義が特管秘よりも狭いためだ。

特定秘密文書を最も多く保有しているのは、外務省七万六八一六件。これに内閣官房七万六二五四件、防衛省七万二三二五件、警察庁二万一八三六件（都道府県警のみの保有は五三件）、公安調査庁一万一四二六件、海上保安庁一万一一〇八件と続く。一方、国土交通省は一六七九件を保有しているが、指定権限はない。

政府が二〇一五年末までに国会に提示した特定秘密は衆院（情報監視審査会）一件（内閣官房）、参院（同）四件（内閣官房、警察庁、外務省、防衛省）。一六年は衆院が一一月に警察庁、経済産業省から提示を受けた。特定秘密の指定を受けた秘密文書は、厳重に施錠ができる部屋で施錠ができる金庫に保管することになっているらしい。

政府は国会提出に先に立つ二〇一三年九月上旬に法案の概要版を公表した当初、原発情報が特定秘密となる可能性について、法案の別表に明記された事項でないことから「対象外」と否定してきた。閣議決定（一〇月二五日）が近くなると別表には「テロによる被害防止のための措置、計画、研究」とあることから、

「対象になりうる」と徐々に説明内容を修正している。

「原発事故情報は別表に記載している事項に該当しない」――。

法案を作成した内閣官房の早川智之・内閣情報調査室参事官は一〇月二一日にあった野党の超党派議員らによる勉強会の席上でそう断言したのである。ところが、同月二四日には同じ勉強会で、橋場健・内閣情報調査室参事官は「核物質の貯蔵保護施設等の警備の実施状況についてはテロ活動防止に関する事項として特定秘密に指定されるものもあり得る」と軌道修正した。政府の見解は閣議決定の直前になってもはっきりしていなかったことが露呈したエピソードである。

福島県議会は同年一〇月九日、政府や国会に特定秘密保護法案の慎重な対応を求める意見書を全会一致で可決した。意見書は「原発の安全性に関わる問題や住民の安全に関する情報が、核施設に対するテロ活動防止の観点から『特定秘密』に指定される可能性がある」と指摘した。東京電力・福島第一原発事故（二〇一一年三月）で、放射性物質の拡散予測が適切に公表されなかったため、発電所からはより遠くに離れているのにもかかわらず線量の高い地域に一部の住民が避難するという悲劇が生まれた。意見書は「国民の生命と財産を守る為に有益な情報が『特定秘密』の対象に指定される可能性は極めて高い」と憂慮を表明した。当然の懸念である。

■報道後も非公表

特定秘密にする条件を欠いた時は、解除することになっているが、それは適切になされるのだろうか。

特定秘密制度のモデルとなった防衛秘密制度の運用を振り返ってみたい。

防衛秘密は二〇〇一年九月一一日の米同時多発テロ後の一〇月、自衛隊法改正で創設された。防衛秘密も特定秘密と同様、改正自衛隊法（九六条の二）は、指定する要件として「公になっていないもの」（九六条の二第一項）と定めている。新聞報道によって明らかになった場合はどうなのか。

防衛秘密に関しては過去に一度だけ明らかになったケースがある。〇五年五月三一日、南シナ海で中国海軍の潜水艦が火災事故を起こしたことを読売新聞が朝刊一面で報じた。記事は事故を起こした潜水艦について「中国海軍所属の『明』級のディーゼル式攻撃型潜水艦で、３００番台の艦番号がつけられている」と詳細に記した。読売記者に漏らしたとして防衛省情報本部所属電波課長だった一等空佐（懲戒免職処分）は、〇七年一月に自衛隊法違反の容疑で警務隊による家宅捜索を受け、〇八年三月になって、自衛隊法違反（防衛秘密の漏えい）の疑いで書類送検（起訴猶予）された。

読売報道を受けて、毎日、朝日など各紙も事故を報じ、情報提供した自衛官が容疑者として取り調べられるようになってからは、知る権利を侵害するとして捜査の進展に合わせて批判的に大きく取り上げた。当時、こうした火災情報は隠された。このため、防衛省が「情報漏えい」と捉えて強制捜査を行ったことに対しては、周辺海域を航行する船舶の安全を考えれば、防衛省こそ積極的に公表すべき情報だったと非難されたのである。

ところが防衛省は、潜水艦の火災事故が新聞報道されたあともなお、秘密解除をしなかった。その理由について、「記事のどの部分が防衛秘密に当たるかを公表していない。この事件では、非公知性（一般に広く知られていない）を失っていない」とした。これでは、防衛省が認めない限り、秘密が解除されないということなのか。

早川参事官は、超党派の勉強会で「すべてが掲載された場合は特定秘密の要件を欠く」と述べている。

防衛秘密は過去に一度しか解除されていない。防衛省によると、それは使わなくなった暗号情報という。

実は防衛秘密をめぐっては、防衛省が開示した秘密はない。その理由はこれまで廃棄されてきたからだ。防衛秘密制度は、自衛隊法や内規である訓令に基づいて取り扱われ、防衛秘密の指定期限が過ぎると、原則として廃棄扱いだったのである。記録の残っていた、二〇〇七年～一一年までの廃棄文書は、約三万三三〇〇件に上るという。防衛秘密制度が、行政文書の作成や保管、そして国立公文書館への移管などを定めた公文書管理法の適用が除外されていたためだ。こうしたことへの批判を受けて、政府は特定秘密には公文書管理法を適用することにした経緯がある。

讀賣新聞
2005年(平成17年)5月31日 火曜日
もんじゅ設
中国潜水艦 火災か
南シナ海 海南島向け曳航
日米が監視
住信・住生・三井住友海上
「富裕層業務」提携へ
元大関貴ノ花
二子山親方

中国潜水艦の火災事故を報じる読売新聞（2006年5月31日朝刊）。この記事を書いた記者に防衛秘密を漏らしたとして、防衛省情報本部の一等空佐が自衛隊法違反の疑いで08年3月に東京地検に書類送検された。

■「適性評価」という身元調査

特定秘密を取り扱う人は、「適性評価」と呼ばれる行政機関の長が実施する身元調査の対象となる。①特定有害活動及びテロリズムとの関係、②犯罪及び懲戒の経歴、③情報の取り扱いに関する非違の経歴、④薬物の濫用及び影響、⑤精神疾患、⑥飲酒についての節度、⑦信用状態その他の経済的な状況などのプライバシーにかかわることが調べられる。これは、特定秘密を取り扱うにふさわしいかどうかを決めるためで、対象は本人だけでなく、結婚（事実婚を含む）していれば妻子はもちろん、父母兄弟、同居人など本人に影響を及ぼし得る身近な家族も氏名や生年月日、住所のほか、国籍なども本人の同意を前提に収集されることになる。

具体的流れは、適性評価の対象者は告知書を受け取り、実施することを了承する場合は同意書を提出する。質問票に記入するとともに、上司への質問や本人との面接。さらに記載事項を裏付けるため役所や民間の機関への照会も行われる。その結果、▽情報を自ら漏らすような活動に関わることはないか▽働きかけを受けた場合、応じるおそれが高い状態にないか▽情報を適正に管理することができるか▽規範を遵守して行動することができるか――など⑦項目の基準に照らして判断される。これは五年ごとに実施される。適性評価の結果は通知され、評価の結果は通知されるが、特定秘密を漏らすおそれがあると判断された場合は理由も付される。適性評価の実施にかかわる文書は一〇年間保存される。同意しなかったり、いったん同意した後に取り下げた場合は三年間の保存という。

国家公務員だけでなく、都道府県警察の公安部門などの警察職員ら地方公務員、自衛隊の武器など装備品を製造する防衛産業など特定秘密を防衛省などと共有することになる民間人も対象だ。ただ、特定秘密を指定する行政機関の長である閣僚や副大臣、政務官は対象外だ。また、適性評価は、後に触れる独立公文書管理監の行う検証・監察の対象にはなっていない。

適性評価は一五年に初めて行われた。実施件数は九万六七一四件。行政機関の職員が九万四四六六件、民間人が二二四八件だった。防衛省八万九二四四件（このうち民間人は五七六件）、警察庁二五五〇（同都道府県警一九七五件・民間人は〇件）、防衛装備庁一四九一（同民間人九一一件）、内閣官房一四七一件（同七二〇件）、外務省一二三四件（同四一件）。民間人を対象にした適性評価は防衛装備庁、内閣官房、防衛省、外務省の順に多かった。

適性評価を拒否した職員は、全体で三六件（同民間人八件）。防衛省が二八件で最多。次いで内閣官房七件（同六件）、外務省一件。いったん同意したが、取り下げた職員は防衛省、防衛装備庁で各一人いた。また、適性評価をクリアできなかった職員は一人いたが、政府は所属省庁を明らかにしていない。

特定秘密を漏えいした場合、最高一〇年以下の懲役で、スパイなど外国の利益を図る目的などの悪質なケースでは、これに一〇〇〇万円以下の罰金が加わる。現行の国家公務員法、地方公務員法の守秘義務違反が一年以下、防衛秘密の漏洩が五年以下なのに比べ格段と重くなった。閣僚らも罰則の適用は受ける。特定秘密を漏らした側だけでなく、その秘密を受け取った側への罰則もある。人を欺いたり、脅迫したり、さらに施設へ侵入するなどして秘密を持つ人の管理を害すると、漏らした人と同じように一〇年以下の懲役、一〇〇〇万円以下の罰金となる。実際に特定秘密を手に入れることができずに、未遂だった場合でも処罰対象だ。

■「不当な取材」とは何か

先に触れたように二〇一三年九月に政府が特定秘密保護法案の「概要」を公表して以降、法案をめぐる主要な論点として「知る権利」の明記や「報道の自由」の配慮条項が政府・与党内で浮上した。厳罰による秘密の保持は、情報公開の流れとは正面から対立するためだ。

特定秘密保護法の二二条一項で「この法律の適用に当たっては、これを拡張して解釈して、国民の基本的人権を不当に侵害するようなことがあってはならず、国民の知る権利の保障に資する報道又は取材の自由に十分に配慮しなければならない」とし、二項で「出版又は報道の業務に従事する者の取材行為については、専ら公益を図る目的を有し、かつ、法令違反又は著しく不当な方法によるものと認められない限りは、これを正当な業務による行為とするものとする」との規定が盛り込まれた。

「通常の取材は処罰されない」――。政府が国会答弁でそう繰り返したのは、この規定があることが根拠になっている。それでは「通常の取材」ではない取材とはどんな取材を指すのだろうか。

沖縄返還（一九七二年）に伴って本来、米国が負担すべき軍用地の原状回復費（四〇〇万ドル）を日本が肩代わりしていたいわゆる日米密約問題。これに絡み、外務省の三通の機密電文を同省の女性事務官から入手した西山太吉・元毎日新聞記者が国家公務員法違反（秘密漏示そそのかし罪）の罪に問われ、有罪が確定（懲役四月・執行猶予一年）した。政府にはその刑事裁判での最高裁の決定（七八年）が念頭にある。特定秘密保護法案担当の森雅子・内閣府特命担当大臣は記者会見で「何が不当な取材か」との質問に「西山事件の判例に匹敵する行為」と何度も述べている。少し長いが該当する部分の決定を引用したい。

「報道機関の国政に関する取材行為は、国家秘密の探知という点で公務員の守秘義務と対立拮抗するものであり、秘密を漏示するようにそそのかしたからといって、直ちに違法性が推定されるものと解するのは相当ではなく、公務員に対し根気強く執拗に説得ないし要請を続けることは、それが真に報道の目的からでたものであり、その手段・方法が法秩序全体の精神に照らし相当なものとして社会観念上是認されるものである限りは、実質的に違法性を欠き正当な業務行為というべきである」。

特定秘密保護法案についての質問に答える森雅子担当大臣＝消費者庁で開かれた記者会見で（2013 年 12 月 3 日）。

「取材の手段・方法が贈賄、脅迫、強要等の一般の刑罰法令に触れる行為を伴う場合は勿論、その手段・方法が一般の刑罰法令に触れないものであっても、取材対象者の個人としての人格の尊厳を著しく蹂躪する等法秩序全体の精神に照らし社会観念上是認することのできない態様のものである場合にも、正当な取材活動の範囲を逸脱し違法性を帯びるものといわなければならない」。

決定を読むと、特定秘密保護法の二二条二項がこの決定を参考に条文化されたことがわかる。

政府が作成した「特定秘密の保護に関する法律案　Q&A」というタイトルの説明文書がある。特定秘密と取材との関係についても事例紹介しており、興味深い。

例えば、①執拗に取材し、その結果得た内容を報道しても処罰の対象になりません、②報道機関が単に飲酒を伴う取材をし、その結果得た内容を報道しても、処罰の対象になりません——と明記している。ただ、違法になる行為の例示はない。西山事件の判例に匹敵するかどうかは分からないが、自民党政権だった二〇〇二年に国会提出された人権擁護法案（〇三年廃案）のメディア規制条項は、要注意だろう。神戸連続児童殺傷事件、和歌山カレー事件など一九九〇年代後半に報道機関による過剰な取材が社会問題化したことを背景に立法作業が進められた。

メディア規制条項は、「取材を拒んでいるにもかかわらず、その者に対し、次のいずれかの該当する行為を継続的に又は反復して行い、生活の平穏を著しく害すること」とし、具体的には、①つきまとい、待ち伏せし、進路に立ちふさがり、住居、勤務先、学校その他通常所在する場所の付近において見張りをし、又はこれらの場所に押しかけること、②電話をかけ、又はファクシミリ装置を用いて送信すること——を明記している。〇三年の国会審議で法務省の吉戒修一人権擁護局長（当時）は「現行でも違法と評価される犯罪被害者らへのプライバシー侵害や、過剰な取材などに限定している」と答弁している。

少なくとも自民党政権はこれらの取材行為を「過剰な取材」として、政府が取材活動に関与することを可能とする判断を過去にしたことがあるのである。人権擁護法案は、犯罪被害者らに対する取材行為に対する規制だが、「著しく不当な方法」として、「特定秘密保有者」に置き換えられる可能性は十分ある。そもそもメディア規制条項は取材とは無関係な「ストーカー規制法」の条文を引き写してきたのだ。

ここで自衛隊の取材観を示す事例を紹介したい。共産党が公表したことで二〇〇七年六月に発覚した、陸上自衛隊の情報保全隊によるイラク派遣に異議を唱える国民に関する情報収集活動は、報道機関も対象となった。朝日新聞記者が隊員に感想を求めた行為は「反自衛隊活動」とされた。防衛省によると、情報保全隊による情報収集活動の根拠は自衛隊法施行令に基づく訓令で、「基地施設に対する襲撃や自衛隊の業務に対する妨害などが起きる恐れがある場合」とする規定に該当するという。「隊員に対する外部からの心理的影響も含まれる」（防衛省）とし、取材・報道活動も対象との解釈だ。

情報保全隊の監視対象とされた市民らがプライバシーを侵害されたとして起こした損害賠償訴訟で、仙台地裁は二〇一二年三月、人格権を侵害した違法な収集だったと認定し、三〇万円の支払いを国に命じた。控訴審・仙台高裁での証人尋問で、元情報保全隊長は「広報を通さないで隊員に対して取材をすることは基本的にはありえない」とし、広報を通さない取材については「（情報保全隊の調査対象に）場合によっては取り上げることがあると認識している」と証言している。少なくとも防衛省・自衛隊にとっては、隊員への直撃取材は「通常の取材」ではないのである。

自民党がかつて出した国家秘密法案には、報道の自由に配慮して次のような規定が追加された。「出版又は報道の業務に従事する者が、専ら公益を図る目的で、防衛秘密を公表し、又はそのために正当な方法により業務上行った行為は、これを罰しない」。法令違反をストレートに処罰すると書いていない分だけ三〇年も前の内容の方が少しは「マシ」に映るというのは、一体どういうことなのか。

特定秘密保護法の二二条二項が報道・取材の自由を制約しないための規定として、取材の現場から見れば不十分な内容であることは、潜入取材という調査報道の取材方法の一つを考えてみるとよくわかる。

政治家や役人は都合が悪くなると、病院など記者が簡単にアクセスできない場所に逃げ込む。常套手段だ。そうした場所に家族や看護師など記者の身分を偽って入り込む取材はどうだろうか。例えば、東京電力・福島第一原子力発電所。敷地内での取材が報道機関に公式に許されたのは、事故から半年ほど経ってからだったが、その間、フリーライターらが週刊誌などで書いた、正規取材では難しい過酷な労働実態を暴いたルポは、作業員の身分で構内に入り込んだから可能になった力作だった。鈴木智彦さんはその一人で、「法案ができて萎縮する書き手はいないだろうが、週刊誌やテレビ局が法案の中身を吟味しないままに萎縮し、自主規制の嵐が吹き荒れないだろうか。書く場所がなくなったら、ぼくらは何もできなくなる」(『毎日新聞』二〇一三年一〇月二六日朝刊)と危機感を述べている。

よく知られた潜入取材には『自動車絶望工場』(一九七三年、現代史出版会)がある。筆者の鎌田慧氏は、大手自動車メーカーに期間工として工場で勤務し、そこで体験した過酷な労働実態を告発し、社会に問題提起した。鎌田氏は筆者のインタビューに次のように述べたことがある。

「原子力発電所ではいまや、正門の写真を撮影しようとしただけで、警備員が飛んでくるのが実態だ。原子力基本法に『我が国の安全保障に資する』との目的が追加され、電力会社は実際には『軍事産業』とさえ言える。テロ対策を理由に出入りする車は車内を厳重にチェックされ、今でさえ原発内部の様子は分からない。東京電力福島第一原発事故でもあったように、実態を知るため身分を隠して潜入するのは正当な取材行為だと思う。だが、『自動車絶望工場』に対しては、民間企業なのに、著名な評論家から取材方法が『フェアでない』と批判された。九一年には長崎県の雲仙・普賢岳の噴火取材で警戒区域に許可を得ずに立ち入り、書類送検された（起訴猶予）。だが、被災地の状況を伝えることはジャーナリズムの責務だ。『日本の兵器工場』（七九年）では、正式に申し込んで取材したが、兵器工場では戦闘機、戦車、機関銃などの撮影も可能で、当時はそれなりに取材できた。しかし、当時でも数年後は困難になると感じた。実際、本格的なルポは九〇年代初めが最後だ。軍事産業の実態はますます分からなくなっている。特定秘密保護法案では人を欺いたり、施設に侵入したりして秘密を入手すると一〇年以下の懲役になる。正当な取材かどうかを判断するのは政府だ。規制して記者が萎縮したら、ジャーナリズムが支える民主主義は危うくなる」

英ジャーナリズムの潜入取材は、日本よりもずっと大胆だ。澤康臣・共同通信記者が書いた『英国式事件報道』（文藝春秋）によると、英紙「ガーディアン」記者は、極右政党の党員になり、狙いを隠しながらイメージアップを図って党員を獲得しようとする実態や、著名人が党員に名を連ねていることを暴いたという。また、英公共放送・BBC記者は、警察官に採用され、警察内部における人種差別の実態を明らかにした。このケースでは、多くの警察官の退職や処分に結びついたという。民営刑務所の職員になって腐敗を告発するなど潜入取材は、英メディアにとっては「通常の取材」であるし、英世論も形式的には違法であったとしても結果として、社会的な不正義を暴き出す潜入取材を支持している様子が同書から分かる

（BBC記者は、警察官として受け取った給料を不当利得したとして逮捕された）。

特定秘密保護法の二四条は「外国の利益若しくは自己の不正の利益を図り、又は我が国の安全若しくは国民の生命若しくは身体を害すべき用途に供する目的で、人を欺き、人に暴行を加え、若しくは人を脅迫する行為により、又は財物の窃取若しくは損壊、施設への侵入、有線電気通信の傍受、不正アクセス行為（略）その他の特定秘密を保有する者の管理を害する行為により、特定秘密を取得した者は、一〇年以下の懲役に処し、又は情状により一〇年以下の懲役及び一〇〇〇万円以下の罰金に処する」と定める。日本弁護士連合会によると、こうした身分を偽った潜入取材は、二四条に明記された「人を欺く」や「施設への侵入」に当たり、違法な特定秘密の取得に該当する可能性があるという。

「施設への侵入」は、特に逮捕の口実とされやすい。例えば、二〇一六年九月三〇日には扶桑社の発行する雑誌「週刊ＳＰＡ！」の男性記者と男子大学生の二人が、建造物侵入の現行犯で逮捕された。二人は入院患者の中毒死事件があった横浜市の大口病院内に立ち入ったことが侵入とされた。もちろん、病院内を撮影するためだが、取材の現場では病院のように不特定多数が出入りする施設であっても病院側にとって不都合な立ち入りであればすぐに不法侵入となる。取材活動は常にそうした逮捕の恐れがつきまとっているのである。

内閣官房・内閣情報調査室の鈴木良之審議官は「テロリストが報道機関を偽り、テロのための情報収集活動は公益を図る目的とは言えない」（二〇一三年一一月八日衆院国家安全保障特別委員会）と述べている。それでは、テロリストかどうかを判断するためにはどうしたら良いのか。結局、テロリストでないほとんどの報道機関を含めて監視対象とするしかないのである。

一方、先に紹介した「Q&A」には①②の補足説明としていずれも「漏洩した公務員は処罰されます」とある。取材する記者が保護されたとしても、情報を提供する側が重い処罰がされるようでは取材者に配慮したところで何の意味もない。その点では、同じように「個人情報の保護」を理由にした不祥事隠しに悪用されるとして批判を受けた個人情報保護法（二〇〇三年五月成立、〇五年四月全面施行）が、報道活動に関しては適正な取得（偽りその他不正な手段によって個人情報の取得を禁止すること）や第三者提供の制限（第三者に提供するためには、本人の事前同意を必要とすること）といった、個人情報を取り扱う事業者に課した、義務規定の適用が除外された。これに加え、取材協力者が報道機関へ個人情報を提供することについても、担当大臣が取材協力者に対して「本人の同意を得ていない」などとして助言・勧告、命令といった権限を行使しない旨、個人情報保護法では定められたのと大きく発想が異なる。特定秘密保護法では取材協力者への配慮規定はない。

特定秘密保護法二二条二項が参考にした最高裁決定に対しては、鈴木秀美氏（慶応大学）ら憲法研究者からも本来は取材倫理の問題に対して刑罰を科したという観点からの厳しい批判がある。鈴木氏は同項の中の「『著しく不当な方法』という文言は削除されるべきである」と主張している（毎日新聞二〇一三年一一月五日朝刊）。

その点では、沖縄密約裁判の下級審ではあるが、西山氏に無罪判決を出した一審・東京地裁（一九七四年）の考えは取材側からは参考になる。判決は「不当性の是正は社会一般や記者相互間の指弾又は倫理的非難にゆだねたほうがより適切であると考えられないではなく、従って法がこのような領域に深く立ち入るべきではないという側面のあることは否定できない」と指摘している。

また、法令に違反した取材は一見、正当な業務にならなくてもやむを得ないように思える。しかし、刑法三五条は、正当な業務による行為を罰しないと定めている。特定秘密法では形式的に法令違反だと罪に問えるとも読める余地を残しているのには注意が必要ではないだろうか。東京地裁の判決は法令に抵触した取材活動についても「報道記者の取材行為が刑罰法規の構成要件に一応該当する場合であっても、(略)社会通念上特段の非難を加えることができないと考えられるという事情、その行為によってもたらされる利益がその行為の結果損なわれる利益と均衡を保ち又はこれに優越していると認められるという事情などを総合考慮して、全体としてなお法秩序の精神に照らして是認できると認められる場合には、当該行為は正当行為であるということができる」と言及しているのである。

一方、取材協力についても東京地裁判決は「取材協力行為は取材行為の反面を構成し、取材の自由及び報道の自由に貢献し、報道機関の公共的使命に奉仕することになり、その限度において取材の自由に対する保障に準ずる保障を受け得る」とした。

そもそも最高裁の考えを前提にした仕組み自体に問題はないのだろうか。大石泰彦・青山学院大学教授は、次のように当時、指摘していた。

「取材手法に注目し有罪とした最高裁決定には、報道の公益性とのバランスを欠いていたという批判がある。米国立公文書館で密約文書が開示され、当時の刑事裁判で密約はないと証言した吉野文六・元外務省アメリカ局長は、密約の存在を認めた。密約文書の開示を求める訴訟では東京地裁(二〇一〇年)、高裁(一一年)も存在を認めている。もし再審となり、返還交渉の真の密約を西山氏が国民に知らせようとした利益と、暴露によって外務省が被る損失を裁判官が適切に比較できれば、無罪判決もあり得る。問題点を抱えている最高裁決定を前提にした法案の構造そのものに欠陥がある」。最高裁決定を歯止めとして使うには無理があるのである。

国際テロ対策を担当する警視庁公安部外事三課などが作成したとみられる一一四件の資料には、一〇〇〇人以上の国内在住のイスラム教徒の個人情報や行動記録などが、二〇一〇年にネットに流出し、中にはモスクに通うだけなどテロと無関係な人も含まれ、収集活動そのものも問題視された。イラク派遣に反対する市民らへの監視活動や、防衛庁（当時）に情報公開請求した人の身元を調査し、リスト化して情報共有していたことが二〇〇二年に発覚しているが、これらは内部の関係者の告発・協力なしには明らかにならなかったケースだ。取材協力者への配慮のないまま、重罰化すれば、こうした不当な政府の行為に対する告発を萎縮させかねない。さらに警視庁も情報保全隊も自らの作成した文書かどうかを認めていないうえ、沖縄密約も米国が密約文書を開示してもなお政府は存在を認めていないことを考えるとますます政府のチェックは困難になるだろう。

今日、報道機関による取材・報道に対しては、読者や視聴者らから厳しい視線が向けられている。このため形式的な法令順守に安易に流れる傾向が出ている。最近では、東京電力・福島第一原発事故で、政府の原子力災害対策本部が出した三〇キロ圏内の避難や、屋内退避指示に合わせ、大半の報道機関が一時期、同圏内の立ち入り取材を原則として見合わせていた例は既に述べた。本来、ジャーナリズムにとっての法令順守とは、形式的には違反していたとしても、報道という目的のためであれば違法性が阻却されるべきだという考えが根底にあるはずだ。結局のところ特定秘密保護法は、取材活動と、取材協力者双方に対して特に保護を与えた仕組みになっているわけではない。多メディア化の中で、新聞、テレビなどのマスメディアへ期待されている調査報道に対する打撃は計りしれない。

■英米の報道機関と秘密

最後に軍事大国である米英の報道機関は秘密とどう向き合っているのかを考えてみたい。

特定秘密保護法が成立した二〇一三年は驚くような事件が米国で相次いで発覚した。一つは、米国の情報機関による情報収集だ。「スノーデン事件」と呼ばれ、米中央情報局（CIA）職員で現在ロシアに亡命中のエドワード・スノーデン氏が暴露した米国家安全保障局（NSA）の情報収集活動である。その第一報は、六月に英紙ガーディアンや、米紙ワシントン・ポストによってもたらされた。「国家安全保障局（NSA）が米アップルや米グーグル、米フェイスブック、米マイクロソフトなど大手IT企業が提供するネットサービスのサーバーに直接アクセスして、ユーザーのデータを収集するプリズムという仕組みを構築している」。世界中で報じられた。かつて「エシュロン」という米英豪加ニュージーランドの英語を母国語とする五カ国圏による盗聴システムが国際問題化したが、米政府当局による民間企業を巻き込んだインターネットや携帯電話の盗聴、監視活動の具体的な内容が初めて明るみに出た瞬間だった。

スノーデン事件に先立つ五月には、国際的な通信社であるAP通信の記者に対して、米司法省が仕事や私用で使っていた二〇回線以上の電話の通信記録を押収していたということがあった。ニューヨークやワシントンのオフィスだけでなく、連邦議会の記者室の電話までも含まれ、該当する電話がある職場には、計一〇〇人以上の記者が関係していたという。二〇一二年四月から五月の通話が対象となった理由を司法省は、明かしていないが、ＡＰ通信は、記事の取材源の特定が目的だったと指摘している。テロ組織「アルカイダ」につながるイエメンの組織による米国行きの旅客機の爆破計画をＣＩＡが未然に防いだという内容で、記事にかかわったとされる計六人が対象になった。報道直後に米連邦捜査局（ＦＢＩ）は、情報源の捜査を明言。ＡＰ通信の社長は講演で「国家安全保障にかかわる話題に限らず、長年の情報源が我々と話すことに神経質になっている。これが政府が望んでいることだろう」と指摘した。

この問題の背景には、オバマ政権による情報漏えいに対する厳しい姿勢があると指摘されている。米国での報道によると、報道機関に情報提供した人（情報源）に対するスパイ防止法の適用は、ニクソン政権下で「ペンタゴン・ペーパーズ」と呼ばれた、ベトナム戦争に関する極秘文書を、筆者の一人であるダニエル・エルズバーグ氏が米紙ニューヨーク・タイムズに渡したケースを含めてわずか三件。ところが、オバマ政権下ではこの問題が発覚した時点で既に六件が訴追され、スノーデン氏が訴追されると七件目になるという状況にあった。

一方、スノーデン氏から、機密文書の提供を受け、英紙ガーディアンに記事を書いたブラジル在住の米国人記者と同居するパートナーが、ロンドンのヒースロー空港で、英捜査当局にテロ対策法に基づき身柄を九時間も拘束され、所持していた携帯電話やパソコンを押収された。そこには、秘密文書が保存されていたと報じられている。ガーディアン紙は、英捜査当局が法的な措置をちらつかせたため、関係文書を保存したパソコンの中のハードディスクの破壊を余儀なくされたという。英国内には情報を置かせないということなのだろうか。少なくとも今の日本では到底、考えられない事態が相次いでいる。

筆者も運営委員としてかかわっているメディア総合研究所は、二〇一三年九月に次のような意見書を出した。スノーデン事件やＡＰ通信事件に触れ、「平和主義を掲げた憲法を持つ国の情報政策は、軍事超大国である米英両国の情報政策とは本質的に異なるべきである。しかし、一連の事件は、日本の報道機関も、今回見せつけられた米英社会での報道機関と同じような環境に置かれ得ることを示している」。

4　国会質疑のポイント

■審議入り一カ月でスピード成立

二〇一三年一二月六日午後一一時二二分、参院本会議。採決は記名方式により行われた。「白票（賛成）一三〇、青票（反対）八二、本案は可決しました」。山崎正昭議長の声が響いた。

特定秘密保護法は、自民、公明与党の賛成多数により可決、成立した。民主、共産、生活、社民の各党は反対。一方、与党と法案修正で合意していたみんなの党と日本維新の会。みんなは衆院採決で賛成したが、参院採決では退席に転じた（川田龍平、寺田典城、真山勇一の三議員は党方針に造反し出席して反対票を投じた）。維新は、衆院と同様に参院でも退席した。

特定秘密保護法案が国会に提出されたのは、一〇月二五日。一一月七日に衆院で審議入りした法案は、自公と維新、みんなの四党が修正案をまとめ、一一月二六日に衆院を通過した。衆院の審議時間は約四六時間、参院は約二二時間。非常に深刻な問題を突きつけた法案は、スピード審議と数の力で押し切られたのだった。
報道や表現の自由をめぐる国会での質疑のポイントを整理した。

■「潜入取材処罰ない」

特定秘密保護法は、特定秘密を漏らした公務員らを一〇年以下の懲役と定めるとともに、人を欺いたり、施設に侵入するなどして特定秘密を入手する行為も「秘密の管理を害する行為」として同様に処罰対象に加えている。ジャーナリストの取材行為に重なり、処罰されかねないことから二二条二項では、「法令違反又は著しく不当な方法」でなければ、「正当な業務」として罰しないことを定めた。

「報道機関による通常の取材行為は、処罰対象とならない。報道機関が公務員に対し根気強く執拗に説得ないし要請を続けることは、それが真に報道の目的から出たものであり、その手段、方法が法秩序全体の精神に照らし相当なものとして社会観念上是認されるものである限りは、実質的に違法性を欠き正当な業務行為であるとされている最高裁決定からも明らかだ」としたうえで、「しかしながら、取材の手段、方法が、贈賄、脅迫、強要等の一般の刑罰法令に触れる行為を伴う場合や、取材対象者の個人としての人格の尊厳を著しく蹂躙するような態様のものである場合には、正常な取材活動の範囲を逸脱し違法性を帯びるとしておりまして、このような場合には、報道機関の取材も、特定秘密の漏えいの教唆や取得行為となる場合があり得る」

これは森雅子・特定秘密保護法案担当大臣が繰り返した一三年の国会審議での答弁である。これを前提に個別のケースで政府側は答弁を行った。

法案審議では、不当な方法をめぐる質問が相次いだ。

一一月一九日の衆院国家安全保障特別委員会では、記者の身分を偽って取材するケースが取り上げられた。例えば、事故を起こした東京電力・福島第一原子力発電所では、当初政府は取材を許可しなかったため、復旧に当たる作業員の身分で「潜入取材」が行われ、週刊誌などで労働実態が報道された。

警察は原発敷地内にサブマシンガン、防爆仕様の車両を装備した部隊を常駐させたが、こうしたテロ対策は特定秘密に当たる。辻元清美委員が「(特定秘密に当たる)警備の実態を報道した場合はどうか」と質問した。これに対して、森雅子・特定秘密保護法案担当大臣は「潜入取材等は(特定秘密の)管理を侵害する行為には当たらない」と答弁した。

一方、一一月一四日の委員会では、施設内に適法に入った場合でも室内に録音機を設置するなどの取材行為が違法かどうかについて、鈴木良之・内閣官房審議官は「管理を害する行為に該当しうる」との見解を示し、「個別具体的に判断せざるを得ない」と答弁している。

■記者への家宅捜索は?

「報道機関のオフィス等にガサ入れ(家宅捜索)が入るようなことはない」。森担当大臣は一一月八日の委員会でそう言い切った。その後に、「正当な業務が前提」という説明を加えているが、正当な業務かどうかを判断するための家宅捜索はないのか。

奈良県であった母子三人放火殺人事件（〇六年）を巡り、中等少年院送致となった当時高校一年の長男の供述調書を引用した単行本『僕はパパを殺すことに決めた』（講談社）が出版された、この刑法が定める秘密漏示事件では、奈良地検は調書の提供を受けた筆者も秘密漏示の共犯の疑いがあるとして強制捜査に踏み切っている。

一方、読売新聞が南シナ海で中国海軍の潜水艦が火災を起こしたと報じた際に、記者に情報を提供した自衛官は〇八年に自衛隊法違反（防衛秘密の漏えい）の疑いで書類送検（起訴猶予処分）されたが、記者は立件されなかった。

一一月一九日の委員会でも「不当な方法かどうかを確認するために捜査することになるのではないか」と質問が出た。これに対して、森担当大臣は「個別具体的な事案に即して、捜査機関が適切に判断する」と答弁は極めて曖昧だった。

■取材源の秘匿は

記者に特定秘密を提供した取材源を割り出すための捜査はあるのか。特定秘密を含む情報共有先となる米国では、オバマ政権下では情報漏えいに神経を使っている。日本でも国家安全保障会議（日本版ＮＳＣ）創設に絡み、初代局長に谷内正太郎・内閣官房参与を起用するなどの事務局の幹部人事が新聞報道された。これに対して、世耕弘成官房副長官が情報源探しを始めたが、一一月一八日の参院国家安全保障特別委員会で「関係者に聞き取りしたが、（報道各社との）接触の事実は認められなかった」として同月一四日に報道各社に抗議したことを明かしている。

森担当相は同月一九日の委員会で「取材源は何があっても守られるべきだ」との質問に「取材源の秘匿については本法二一条（筆者注・議員修正後に二二条に変更）の趣旨に照らして尊重すべきだ」と曖昧になった。森担当大臣の答弁は揺れっぱなしだった。

5　新聞社説

特定秘密保護法をめぐって新聞各紙はどのようなスタンスで報じていたのだろうか。見てきたように秘密保護法は取材者や取材対象者に対する制約が懸念されている。いわば新聞社自身の活動に跳ね返ってくる法律なのだ。全国紙の五紙は秘密保護法が成立（二〇一三年一二月六日）した翌七日の社説で一斉に取り上げた。このうち三紙は廃案や法改正などの抜本的な見直しを求めた。二紙は成立を評価するなど論調は割れた。一方、六日以降に掲載した地方紙の社説は大半が批判的だった。主な社説の内容を紹介したい。

■割れる全国紙

特定秘密保護法の成立を批判した三紙は、朝日新聞、毎日新聞、日本経済新聞。いずれも政府が九月三日に法案の概要を公表したときから一貫している。

特定秘密保護法について論評する全国紙の社説（2013年12月7日付）。

朝日の見出しは「憲法を骨抜きにする愚挙」。行政機関の長が秘密指定し、国会や裁判所の目が届かない点を挙げ、「都合のいい道具を、行政が手に入れた。憲法の根幹である国民主権と三権分立を揺るがす事態だ。安倍政権は、憲法の精神や民主主義の原則よりも、米国とともに戦える体制づくりを優先しているのではないか」と懸念を示した。そして、特定秘密保護法を「安倍政権がめざす集団的自衛権行使の容認と同様、手続きを省いた『実質改憲』のひとこま」と位置づけた。一方、国会に対しても、「『行政府独裁』に手を貸すのは、愚挙というほかない」とし、「秘密保護法はいらない。国会が成立させた以上、責任をもって法の廃止をめざすべきだ」と訴える。

毎日は「情報公開は民主主義の通貨」とする米消費者運動家、ラルフ・ネーダー氏の言葉から書き出す。特定秘密保護法を「民主主義の土台を壊しかねない」とし、強行成立した六日を「民主主義が損なわれた日」と提案した。「国の安全にかかわる情報を秘密にし、近づこうとする人を厳しく取り締まるのがこの法律の根幹だ。民主主義を否定し、言論統制や人権侵害につながる法律を私たちは容認するわけにはいかない」。スパイやテロ活動防止に関する情報も対象となることから公安警察の活動に歯止めが利かなくなるとの懸念も示し、「監視社会の到来を招き、市民社会を息苦しくする」と指摘した。国家機密を守るには現行法の厳格な運用などで対応可能だとし、廃止や全面的な見直しとともに「来るべき国政選挙で民意を問うべきだ」と主張した。

日経は、特定秘密の指定の妥当性を判断する第三者機関の重要性を強調し、採決直前に政府が示した「情報保全監察室」などについて、「行政が行政をチェックする仕組みだから機能に限界がある」とし、「継続審議にして法案を精密な設計にする道もあったはずだ」と指摘する。特定秘密保護法だけでなく、情報公開法や公文書管理法の早期改正も求めた。

一方、読売や産経は、三紙とは全く異なる論調だった。

読売は「日本にもようやく米英など他の先進国並みの機密保全法制が整った」と書き出した。「国家安全保障会議（日本版NSC）の情報収集と分析の能力を高めていく上でも、欠かせない制度」と評価した。特定秘密保護法の反対論にも言及し、「審議の中で戦前、思想犯の弾圧に用いられた治安維持法になぞらえた批判まで出たのには驚く。戦後の民主主義国家としての歩みや政治体制、報道姿勢の変化を無視した暴論」と批判した。安倍首相の「一般国民が処罰されることはあり得ない」との答弁を引用し、「普通の国民が対象となることはない」との見解を示す。読売は本当に責任が持てるのだろうか。

少し話はそれるが、情報保全諮問会議について触れておきたい。

特定秘密保護法は運用基準の策定や変更時、運用状況の国会への報告の際には、情報保護、情報公開、公文書管理に詳しい専門家の意見を聞くことを定めている。その機関が、情報保全諮問会議だ。現在の構成員は、宇賀克也氏（東京大学大学院法学政治学研究科教授）▽老川祥一氏（読売新聞グループ本社取締役最高顧問・主筆代理・国際担当）▽塩入みほも氏（駒澤大学法学部政治学科准教授）▽清水勉氏（日本弁護士連合会情報問題対策委員会委員）▽住田裕子氏（弁護士）▽永野秀雄氏（法政大学人間環境学部教授）▽南場智子氏（株式会社ＤｅＮＡ取締役会長）の七人で、座長は老川氏だ。老川氏は二〇一六年六月に構成員という立場だけでなく、座長という役職も前任の読売新聞グループ本社代表取締役・主筆の渡辺恒雄氏から引き継いだ。菅義偉官房長官は記者会見で「新聞社の要職を歴任し、豊富な経験と高い見識を備えており座長として申し分ない」と述べた。

報道機関が権力行使の一部を担って良いのかという根本問題はここでは脇に置くとしても、読売側もここまで政権に近いと読者に思われることは好ましくないとして、辞退するという判断は働かなかったのだろうか。

二〇一三年の臨時国会での成立を求めてきた産経は「日本の平和と安全を維持するために必要な法律の整備は避けて通れない」とする。必要性の根拠として、軍事的な存在感を増す中国や北朝鮮の動きをあげ、「政府には、外部からの侵略に対して国と国民の安全を保障する責任がある」ことをあげた。ただ、両紙とも恣意的な秘密指定など国民の間に不安や懸念があることにも言及し、読売は「審議を通じ国民の不信感が増したことも否めない。政府は運用に十分配慮しなければならない」、産経は「どの政権であっても妥当だとされる法の運用が必要」と注文を付けた。

■地方紙の大半は批判派

北海道は社説を一面に掲載した。「日本の戦後の歩みに逆行する転換点になってしまうのではないか。憲法に基づき、平和で民主的な社会をつくろうと丹念に積み上げてきた国民の努力を台無しにする」と危惧を表明する。福島市で開かれた地方公聴会（一一月二五日）では陳述人全員が反対・慎重な意見を述べたが、法案は翌日衆院を通過した。福島民報は「（公聴会後も）疑問の多くが解明されず、法案修正にも反映されなかった」と批判。「原発の安全や事故に関する情報隠しが懸念される」と訴えた。

東京（中日）は、安倍政権が選挙公約ばかりか、計三回にわたる施政方針・所信表明演説でも特定秘密保護法に言及していない点を指摘し、「手続き上も多くの瑕疵がある。約束しなかったことを強行するのは、有権者に対するだまし討ちにほかならない」と批判した。そのうえで、政権の狙いが憲法九条改正、国防軍創設にあるとした。高知も一面で「民主主義の基盤を揺るがす」と断じた。自由や権利は「国民の不断の努力によって」得られるものである——とする憲法一二条を引用し、「（反対の）意思を表明し続ける必要がある」と呼びかけた。

米軍基地の集中する沖縄県の地元二紙の論調も厳しい。琉球新報は「自民党は総選挙と参院選で大勝した。とはいえ、国論を二分する問題まで国民が全権委任したわけではない。首相は速やかに解散し、法の是非をめぐり総選挙で国民に審判を仰ぐべきだ」と主張した。沖縄タイムスも「巨大与党は民意と向き合うことをせず、国会で議論を尽くすこともせず、反対の声を数の力で封じ込めた。高圧的な安倍政権の姿勢は、沖縄問題にも通じる」と論評した。

一方、石川県の地元紙・北国新聞も臨時国会での成立を主張してきた。同紙は「特定秘密保護法は不完全な面はあるにせよ、安全保障上、極めて重要な法律である。新法を活用して、国益と国民の安全を守りたい」との立場を表明した。ただ、読売、産経と同様に恣意的な指定など懸念が完全に払拭されたとは言えないことにも言及し、「政府の責任で適正な管理・運用の仕組みやルールづくりを練り上げてほしい」と注文を付けた。「社説の主な見出し」は、第1章最後に掲載した。

6　施行二年を検証

特定秘密保護法が二〇一四年一二月一〇日に施行されて二年がたった。知る権利を制約するとして国民の間に批判が広がる中、与党の強行採決で成立した。同法をめぐってはなお、懸念は払拭されていない。法案を策定時からウオッチングし、警鐘を鳴らしてきたNPO（非営利団体）法人・情報公開クリアリングハウス理事長の三木由希子さんに運用の現状について聞いた。

■「特定秘密」の印も秘密

「こんな情報まで不開示にする必要があるのだろうか。誰もが特定秘密という印の表示であるのは分かるのに……」。

三木さんは、あきれたようにそう語った。

二〇一三年秋の臨時国会で、安全保障や外交といった重要政策の司令塔となる「国家安全保障会議」の設置が決まった。この会議は、「日本版ＮＳＣ」と位置づけられ、米英などの同様の機関との情報交換や、他国を武力で守る集団的自衛権を行使するかどうかを決める権限を持つなど、国の重要な情報が集中する組織で、特定秘密保護法とともに安倍政権の肝いりで同じ臨時国会で法律が成立した。首相と官房長官、外務大臣、防衛大臣の四人による少数（四大臣会合）で意思決定される（必要に応じて副総理、総務、財務、経済産業、国家公安委員長、国土交通を合わせた九大臣会合がある）。一三年一二月に初会合が開かれ、月二回程度の頻度で開催されている四大臣会合は非公開のうえ、公表も開催された後。一一月一五日の四大臣会合では「我が国の安全保障に係る諸課題について」が話し合われたらしい。当然、それ以上の詳細は不明だ。

このため、三木さんは国家安全保障会議の議事録を入手しようと翌一四年四月から情報公開法に基づいて継続的に開示請求を続けている。議事録について最初は「案の定、全面不開示」。ただ、行政不服審査法に基づく、申し立てを行うなどした結果、議事次第については一部が開示されるようになった。その中で黒塗りとされていたのが、「特定秘密」との表示であろう部分だった。

国家安全保障会議は、特定秘密を指定できる権限のある行政機関の一つ。首相が指定するが、特定秘密保護法の施行に伴って、次のように指定された。

「国家安全保障会議の四大臣会合の審議を経て確認した国家安全保障会議の議論の結論」――。特定秘

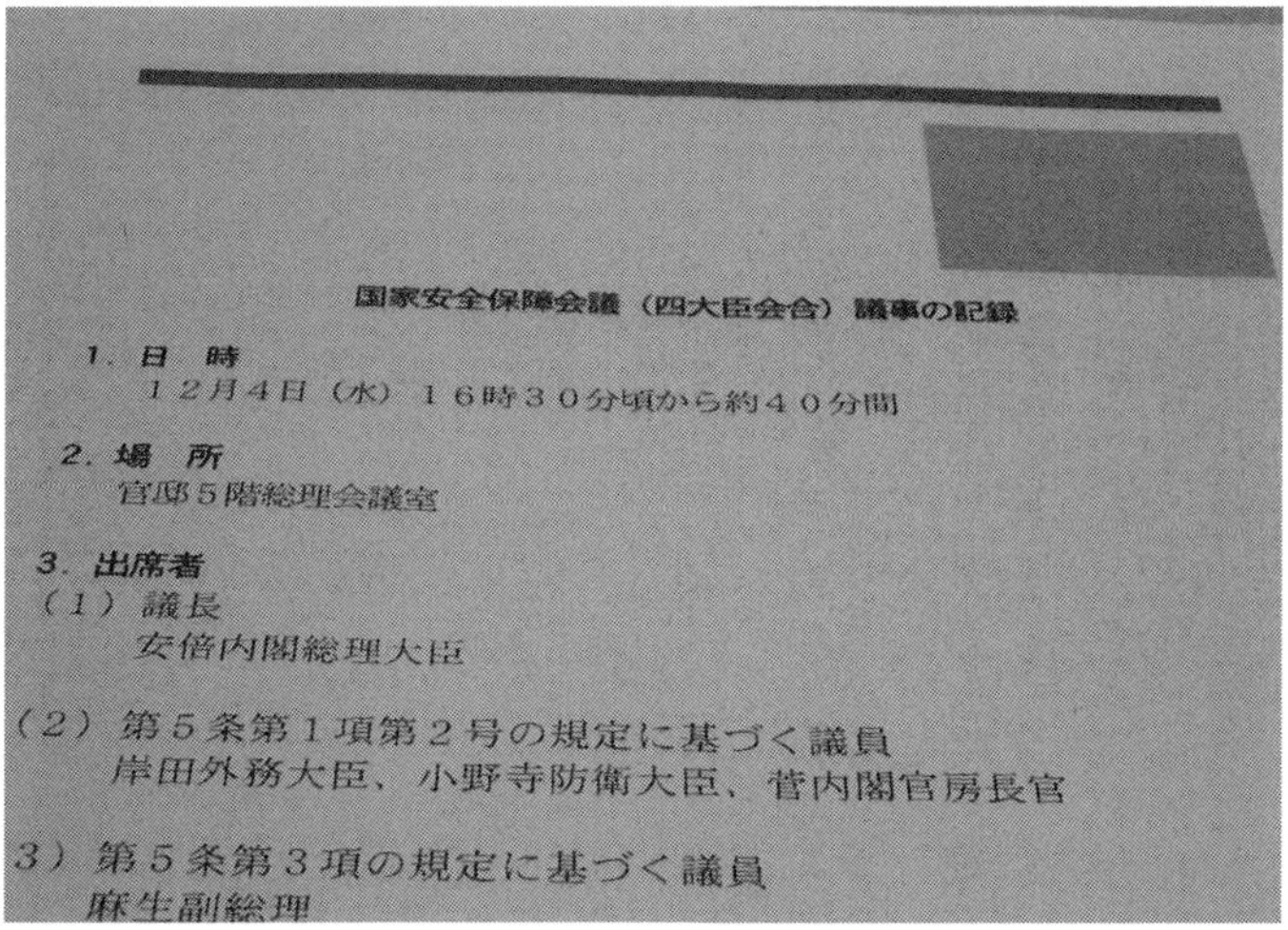

[redacted]

国家安全保障会議（四大臣会合）議事の記録

1．日 時
１２月４日（水）１６時３０分頃から約４０分間

2．場 所
官邸５階総理会議室

3．出席者
（１）議長
安倍内閣総理大臣

（２）第５条第１項第２号の規定に基づく議員
岸田外務大臣、小野寺防衛大臣、菅内閣官房長官

3）第５条第３項の規定に基づく議員
麻生副総理

特定秘密に指定されている国家安全保障会議の議事録の表紙（議事次第）。「特定秘密」の印も不開示だった（右上の黒塗）。

密は「情報」を単位に指定され、特定秘密が記載された行政文書に「特定秘密」と表示されることで初めて「特定秘密文書等」としての実態が備わるという仕組みだ。三木さんが開示を求めた議事録がこれに当たるわけだ。ところが、開示された文書はその「特定秘密」との表示までも不開示とした疑いがあるのだ。

「何が秘密？それは秘密」——。

二〇一三年に法案が国会提出されると反対派がつけた悪いジョークのようなキャッチフレーズだったが、笑えない運用の現実がある。ただ、継続的な開示請求を行っている中で分かったこともある。当初は配付資料については「持ち帰り可」とあったが、徐々に「席上回収」となるケースが増えていくなど政府の中にあっても情報漏えいを懸念して、資料の取り扱いが厳しくなっていく状況の一端が浮かび上がったという。

三木さんは「今回のように明らかに特定秘密

三木由希子・情報公開クリアリングハウス理事長

の印と分かる部分さえ不開示ということになれば、他の文書では、不開示だらけになってしまう」と懸念する。この部分の開示を求めるため、情報公開請求を行ったという。

特定秘密制度が適切に運用されているかを外部からチェックする仕組みの一つに国会がある。国会法が改正され、衆参両院に八人の議員による情報監視審査会が設けられた。審査会には政府に特定秘密の提出を求めることができる権限もあり、運用改善の勧告権もある。ただし、強制力はない。

チェックの基本となる特定秘密の開示請求について政府は、日本の安全保障に著しい支障を及ぼすおそれがある場合を除いては、応じなければならないことになっている。衆参審査会の一五年の「年次報告書」（対象期間は衆院が一四年一二月～一六年一月、参院が一五年三月～同年一二月）によると、衆院の審査会は一六年一月に内閣衛星情報センターの保有する特定秘密の開示を求める決議を行い、情報収集衛星から収集した画像情報について提示を受けている。参院審査会も一五年一一月に同じ特定秘密について衆院に先立って提示を受けた。参院はほかに警察庁、外務省、防衛省からの提示も受けている。

ただ、開示を拒まれるケースもあるようだ。

例えば、二〇一五年九月、衆院の審査会は四大臣会合の記録について、政府に「実態把握のために審査会に開示することはできるか」とただした。これに対して、政府側は「政府部内においても情報の共有が限定的だ。外務省、防衛省といった関係省庁から提供する資料も非公開が前提だ」として応じられないという考えを示した。

一五年一二月には参院の審査会でも同じ記録について取り上げられた。民主党の委員が提示を政府に求める動議を出したものの、自民、公明の与党委員の反対で否決されている。国の行く末を大きく左右する国家安全保障会議の特定秘密をめぐっては、与党委員が委員の多数を占める国会でもアクセスへのハードルは高いようだ。特定秘密の内容によって開示するかどうかに違いが出る運用になっている。

■カギ握る公文書管理監

政府内部で特定秘密の運用をチェックする機関への期待は可能なのだろうか。

二〇一三年の国会終盤に安倍政権が打ち出したのが内閣官房に設けられた保全監視委員会と情報保全諮問会議。そして、内閣府に新設した独立公文書管理監とその指揮下にある情報保全監察室である。保全監視委員会は各省の事務次官級で構成する。情報保全諮問会議は既に述べたように、外部の有識者による組織ではあるものの、名前の通り政府が作成する運用基準や毎年、政府が国会に運用状況を報告するに当たって意見を述べる権限を与えられている程度だ。

三木さんが注目しているのは、独立公文書管理監と、各省から集められた二〇人ほどの職員でつくる情報保全監察室だ。検事出身の佐藤隆文氏が一四年一二月に最初の管理監として就任している。「六つのチェック機関の中で最も特定秘密を取り扱っている現場に近い」(三木さん)からだという。

特定秘密保護法の運用基準が定めた独立公文書管理監の主な権限は、①特定秘密である情報を含む資料の提出・説明や実地調査、②特定秘密指定の解除などの是正、③法に従っていないとの通報の受理と必要な調査——などだ。

二〇一五年一二月に公表された最初の報告(一四年一二月一〇日～一五年一一月三〇日)によると、(i)特定秘密の指定が適正に行われるか、(ii)特定秘密を記録する文書等の内容が指定と整合しているか、(iii)特定秘密の表示が適正に行われるか——について検証・監察を行ったところ、「一四年末までに指定された全てについて適正に行われている」とした。その一方で、「不適正ではない」としたものの外務省(二件)、海上保安庁(一件)に対して特定秘密指定書の修正を指摘したという。各省庁への説明聴取・実地調査は一一九回に上り、特定秘密を記録する文書の確認件数は、一六五件(特定秘密の件数としては二三四件)だったという。

二〇一六年四月には、独立公文書管理監は外務省と警察庁が指定した計三件の特定秘密の解除を求めた。外務省は「二〇一五年中の国際テロリズムに関する人的情報源」「二〇一五年中に外国政府等から総合外交政策局に提供のあった情報」の二件、警察庁は「二〇一五年中の警察の人的情報源・候補に関する情報」の一件。特定秘密の仕組みは、予め情報を単位として特定秘密に指定し、特定秘密の印を表示することで秘密文書としての実態が整うが、両省庁は三件にかかわる情報が存在しなかったにもかかわらず独立公文書管理監の指摘を受けるまで解除しなかった。

ただ、監査が形式的なチェックにとどまっているとの疑問もある。特定秘密のモデルは、自衛隊法が定めた防衛秘密制度とされており、二四六件の防衛秘密はそのまま特定秘密に移行した。繰り返しになるが、防衛秘密をめぐっては、二〇〇五年五月、南シナ海で中国海軍の潜水艦が火災を起こしたことを読売新聞が報じたことがある。防衛省は同紙記者に防衛秘密を漏らしたとして、一等空佐を懲戒免職処分だけでなく、警務隊は自衛隊法違反（防衛秘密の漏えい）の疑いでも書類送検（起訴猶予）した。ところが防衛省は、報道で火災事故情報が公になった後も秘密指定の解除を行っていないばかりか、その後も旧防衛秘密から新たな特定秘密に移行したままとみられ、独立公文書管理監もこれらを含めて「適正に行われている」と判断したのである。

衆院情報監視審査会は二〇一六年三月に初めてまとめた報告書の中で政府に対して、「独立公文書管理監の活動・機能について重大な関心を持っていることから審査会に定期的に活動状況報告を行うこととする運用基準の改正等を検討すること」との意見を盛り込んだ。運用状況のチェックのために独立公文書管理監から直接定期報告を受けようというわけだ。

三木さんは「特定秘密の運用を具体的に監視できているのは、独立公文書管理監と情報保全監察室だ。彼らができていることは何か。できていないことは何か——といった仕事ぶりを国会や市民がチェックしていくことから進めていくのが良いのではないか」と提案する。

■「防衛秘密の検証を」

「この法律の適用に当たっては、これを拡張して解釈して、国民の基本的人権を不当に侵害するようなことがあってはならず、国民の知る権利に資する報道又は取材の自由に十分に配慮しなければならない」。特定秘密保護法二二条一項にはこう記されている。果たして実効性は、あるのであろうか。

特定秘密保護法案が国会で審議されるときは、さまざまなシミュレーションで取材・報道の自由への制約が指摘された。幸いいまのところ表面化するような出来事は起きていない。独立公文書管理監の報告の中には「検証・監察のポイント」の項目で確認的に二二条が引用されているだけだ。第一部第4章で触れたが、安倍政権は、二〇一五年二月にシリア国内での取材を計画していた新潟市のカメラマンのパスポートを逮捕をちらつかせてまで返納させた。旅券法は返納命令権を規定しながら、海外渡航の自由を保障する憲法を尊重し、これまでの政府は一九五一年の制定から一度も適用してこなかった。国民の渡航の自由だけでなく、取材の自由の制限でもある。そうした規定を躊躇なく適用した。その同じ安倍政権が制定した特定秘密保護法二二条の規定である。実効性があるかは疑問だ。

三木さんは、こう指摘する。

「特定秘密保護法の危険性を警告するために指摘されたことは、いまのところは起きていないように映るかもしれない。しかし、目に見える形で起きていないから問題がないというわけではない。取材の自由についても同様だ。これまで報道機関の取材に応じていた職員が応じなくなったりしていないか。報道関係者との接触は情報漏えいを真っ先に疑われかねないという意識が公務員の間に広がっているかもしれない。懲役一〇年という重い罰則を設けて政府に都合良いように情報を外部も内部もコントロールしようとする統治構造の問題でもあるという幅広い視野からとらえ直すと、問題点も見えてくるのではないか。防衛秘密制度下での問題も後から振り返れば、こうした点が問題だったということに気付くこともあるだろう。そういう掘り下げた検証報道を期待したい」

社説の主な見出し

特定秘密保護法成立（2013年12月6日）以降			
北海道新聞	7日	秘密保護法成立	憲法を踏みにじる暴挙だ
東奥日報	8日	秘密保護法成立	民主主義を危うくする
岩手日報	6日	秘密保護法案	民主主義が壊れ始める
秋田魁新報	7日	秘密保護法成立	〝暴走〟にブレーキ必要
河北新報	6日	秘密法案強行可決	審議のあり方を問い直せ
山形新聞	7日	秘密保護法成立で国会閉幕へ	数の「横暴」繰り返すな
福島民友新聞	8日	「秘密保護国会」	数におごる政治は許されぬ
福島民報	7日	秘密保護法成立	原発の情報隠し許さない
下野新聞	10日	秘密保護法成立	こんな法律はいらない
上毛新聞	8日	特定秘密保護法成立	「知る権利」守る運用を
茨城新聞	8日	秘密保護法成立	こんな法律はいらない

朝日新聞	7日	秘密保護法成立	憲法を骨抜きにする愚挙
毎日新聞	7日	特定秘密保護法成立	民主主義を後退させぬ
読売新聞	7日	秘密保護法成立	国家安保戦略の深化につなげよ　疑念招かぬよう適切な運用を
産経新聞	7日	秘密保護法成立	適正運用で国の安全保て　知る権利との両立忘れるな
日本経済新聞	7日	「知る権利」揺るがす	秘密保護法成立を憂う
神奈川新聞	7日	秘密保護法の成立	任務放棄の国会は不要
山梨日日新聞	7日	特定秘密保護法成立	知る権利への奉仕　なお努力
静岡新聞	6日	秘密保護法成立へ	国民の不安置き去りだ
中日（東京）新聞	7日	秘密保護法が成立	民主主義を取り戻せ
岐阜新聞	8日	秘密保護法成立	こんな欠陥法はいらない
信濃毎日新聞	8日	秘密保護法	安倍政治　軍事優先には「ノー」を
新潟日報	8日	秘密保護法成立	「廃止」が後世への責任だ
京都新聞	7日	秘密保護法成立	国民の「知る権利」手放せぬ
神戸新聞	7日	秘密保護法成立	懸念置き去りの危うい動き
北日本新聞	7日	秘密保護法成立	採決強行は横暴の極み
福井新聞	7日	秘密保護法	強行成立　知る権利の扉どう開くのか
北国新聞	7日	秘密保護法が成立	懸念払拭に努めてほしい
山陽新聞	7日	秘密保護法成立	民意離れた「決める政治」
山陰中央新報	8日	秘密保護法成立	こんな法律はいらない

中国新聞	8日	秘密保護法成立	自由な社会　守れるのか
愛媛新聞	7日	秘密保護法成立	民意無視の国会運営許し難い
徳島新聞	7日	秘密保護法成立	民主社会に禍根を残す
高知新聞	7日	秘密保護法成立	今後を厳しく監視する
西日本新聞	7日	秘密保護法成立	抜本的な欠陥是正を急げ
宮崎日日新聞	7日	秘密保護法成立	時代の逆行を監視すべきだ
佐賀新聞	7日	秘密保護法成立へ	官僚の情報支配が進む
熊本日日新聞	8日	秘密保護法成立	「決める政治」とは言えない
長崎新聞	6日	秘密保護法案審議	「数の横暴」は許されない
南日本新聞	8日	秘密保護法成立	運営監視し制度を見直していきたい
沖縄タイムス	7日	特定秘密保護法成立	おごり極まる強権ぶり
琉球新報	7日	秘密法成立強行	許されぬ権力の暴走　解散し国民の審判仰げ

第2章　集団的自衛権とメディア

■「従軍」記者の誕生

二〇一四年七月一日、自衛隊は発足からちょうど六〇年を迎えた。世界最強の軍事組織である米軍と連携した自衛隊の装備は「米予備軍」であり、唯一異なるとすれば、その運用が戦争放棄をうたった日本国憲法九条の制約下にあって、専守防衛を基本に他国の戦争には参加しないとしてきたことだった。

この日、安倍政権は臨時閣議を開き、集団的自衛権の行使は憲法上、許されないとしてきたこれまでの政府解釈を変更し、自衛隊が他国への武力攻撃に対して「参戦」を可能とする新たな解釈を決定した。戦後日本の出発点だった戦争放棄の理念を破り、他国の戦争で自衛隊員が死ぬかも知れないという防衛政策の大転換は、自衛隊にとってはとんだ還暦祝いとなったのではないか。

七月一日を境にマスメディアは従来の自衛隊観の抜本的な見直しを図る必要があるのではないか。それは、自衛隊が日本を防衛するための必要最小限の実力組織から、普通の国の軍隊に質的に変化したのであり、名称は「自衛隊」のままであったとしても「日本国軍」に対する取材の構えが迫られることになるの

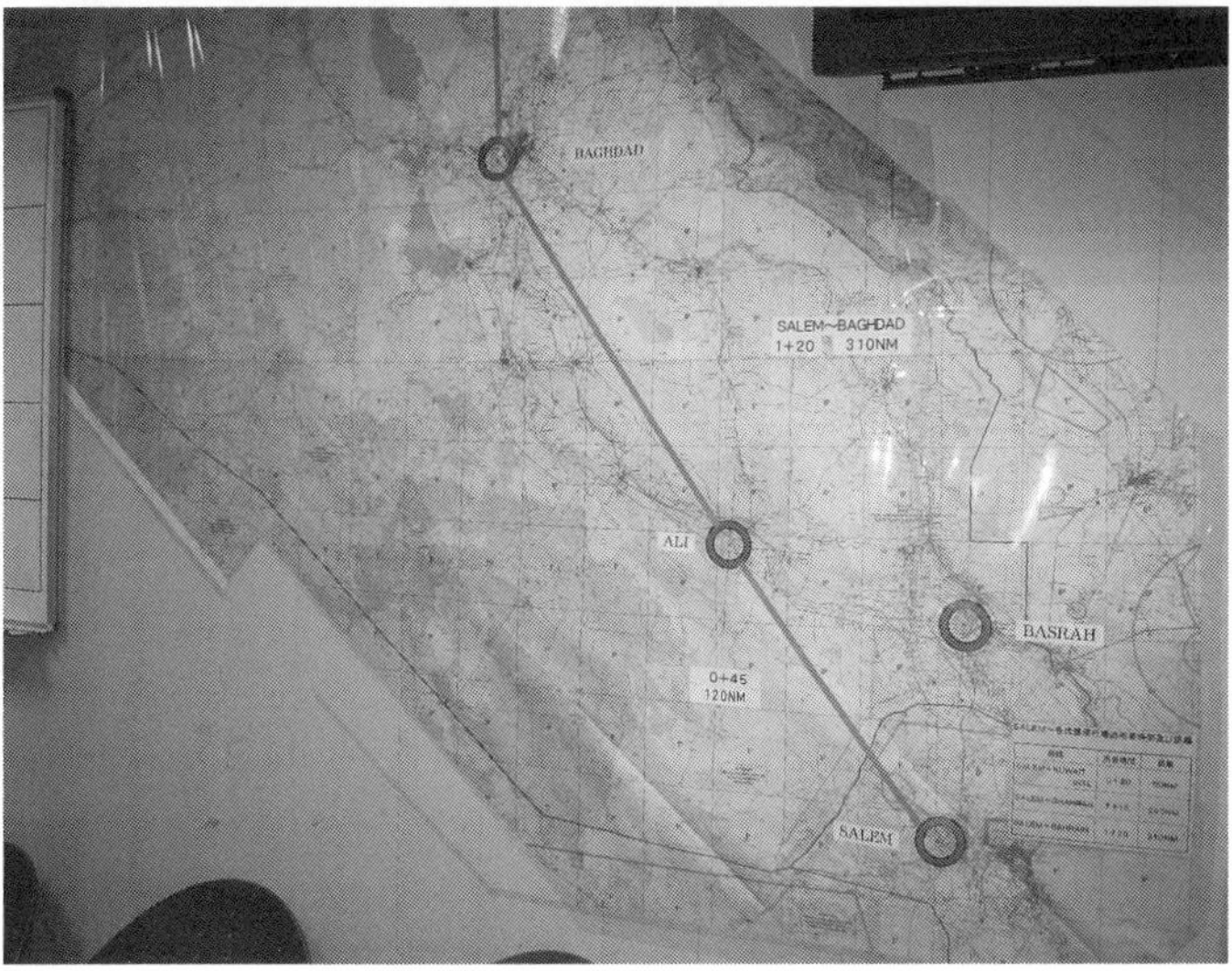

航空自衛隊は、クウェートのアリ・アッサーレム空軍基地を拠点にイラクのアリ、バグダッド、アルビルの各飛行場・空港間で、2004年3月から08年12月までC 130輸送機を運行した。名古屋高裁は、08年4月、バグダッドに多国籍軍を輸送していることについて憲法9条違反と判断した。写真はアリ・アッサレーム基地のC 130（上）と運行図（下）。

である。「従軍」記者の誕生である。安倍政権は、閣議決定を受けて、自衛隊法や武力攻撃事態法などの関連法制の改正に着手。二〇一五年九月、集団的自衛権の行使を可能にした安全保障関連法を成立させた。安全保障法制にはマスメディアにかかわる部分もあり、「新日本国軍」による戦争下の報道にも大きな影響を与えるのは間違いない。

そこでまず、陸上自衛隊が二〇〇四年にイラクに派遣された際、防衛庁（当時）と報道機関が結んだ取材・報道ルールと、同年に成立した国民保護法に基づいて日本有事の際には政府の求めに応じた放送を義務づけた「指定公共機関」制度の問題点についての論点を整理をしたい。

〇三年三月、米国を主力とする有志国連合が始めたイラク戦争後の後始末のために同年七月に成立した「イラクにおける人道復興支援活動及び安全確保支援活動の実施に関する特別措置法」（イラク特措法）を受けて、陸上自衛隊がイラク南部の都市・サマワに派遣されることになった。比較的治安の良いとされるサマワにあっても武装勢力の標的に日本人がなる恐れがあることから、外務省はイラク戦後も引き続きイラク全土に退避勧告を出していた。事実上の「戦地」とも言える地域での初めての自衛隊の活動である。現地サマワに記者やカメラマンを派遣し取材することは報道機関として重要であることは言うまでもない。

しかし、自衛隊の立場からは隊員の安全確保と国民への説明責任、報道側からは、国民の知る権利に応えると同時に記者らの安全をどう確保するかは、大きな課題であった。このため、防衛庁と報道機関による、着地点を探るための作業は、防衛庁・自衛隊を取材対象とする防衛記者会が同庁にルールづくりを求める要望書を提出した同年一一月からスタートした。防衛庁とＮＨＫも加盟する日本新聞協会、日本民間放送連盟（民放連）の三者が一定の内容で合意に達した翌〇四年三月まで紆余曲折を経ながら協議は延々、四カ月余も続いた。〇四年一月に入り、一方的に防衛庁は協議の白紙通告を報道側に行うとともに、防衛事務次官名（守屋武昌氏）の「イラク人道復興支援特措法に基づく自衛隊部隊の派遣に関する当面の取材について」と別紙「お願い」を報道各社の編集責任者に突きつけたのである。

この文書はサマワ現地における一定の報道の自粛を求めるもので、「防衛庁の円滑な業務遂行を阻害すると認められる場合は、爾後の取材をお断りすることになる」と「脅し」とも受け取れる表現まであった。防衛庁が報道自粛を求めたのは、①部隊、装備品、補給品等の数量、②部隊、活動地域の位置、③部隊の将来の活動に関わる情報、④部隊行動基準、部隊の防護手段、警戒態勢に関わる情報、⑤部隊の情報収集手段、情報収集体制に関わる情報、⑥部隊の情報収集等により得られた警備関連情報、⑦他国軍等の情報、⑧隊員の生命及び安全に関すること、⑨その他、部隊が定める事項。これでは防衛庁・自衛隊の公式発表以外の記事を書くことを禁止しているに等しい。

この報道自粛要請問題は国会でも取り上げられ、横路孝弘・民主党副代表が「（事実上の）全面、取材はお断りという要請だ。撤回すべきだ」と迫った。これに対して、石破茂防衛庁長官は「明らかになることによって部隊の安全が保たれないというものについて自粛をお願いしている。これをオープンにできなければ全く取材ができないというようなご指摘は当たらない」と突っぱねた。その後に再スタートした三者の協議は防衛庁側が取材ルールのたたき台を示し、これに対して報道側が文言の修正を求めるという防衛庁主導で行われた。

三月一一日に三者で合意し、四つの文書が公表された。新聞協会と民放連が政府の説明責任、表現、報道の自由の尊重を記した基本原則を確認した「現地取材に関する申し合わせ」▽防衛庁を含めた三者が取材機会を設けることなどを内容とした「確認事項」▽防衛庁が報道機関に示した「現地取材について」▽陸自の活動拠点となる宿営地など立ち入り制限区域への立ち入り取材の際の遵守事項を記載した「立ち入り取材申請書」の四文書だ。最大の焦点となったのは、「立ち入り取材申請書」に記載された報道自粛内容だった。基本的な分類は、先に防衛庁が示した九項目と同じで、合意した内容にはこれに「地元住民・部族等との信頼関係を損ねるおそれのある情報」が加わった。

このなかで、安全確保等に影響するため、報道しないと約束した情報については、「防衛庁又は現地部隊による公表又は同意を得てから報道します（それまでの間は発信及び報道は行われません）」とし、その判断がつかない情報については「防衛庁又は現地部隊とその取り扱いについて協議」することが明記された。

防衛庁・自衛隊側にとってみれば、報道に関する事前同意、協議という検閲とも言えるルールを、報道界にも納得させ、情報統制との批判を報道側から受けることもなく手に入れることができたわけだ。毎日新聞は新聞協会でこのルール作りの実務を担った「イラク取材問題小委員会」メンバーの伊藤芳明編集局次長の見解を掲載した。伊藤氏は「十分満足できる内容とはいえません」としつつ、承認した理由について「記者が自衛隊の活動の場に立ち会い、自分の目で取材し、読者に伝えることこそ、第一の責務だと判断したからです」と説明している（毎日新聞二〇〇四年三月一二日朝刊）。

■進まなかった情報開示

それでは、報道側は事前検閲という憲法も禁止するような表現・報道の自由への介入を許したのと引き替えにどれほどのメリットを得ることができたのだろうか。

イラクに派遣された自衛隊の現地取材に行った記者の証言を聞く限りでは、報道の「出」が大きな制約を受けたのだから「入り」に関しては、容易になったのかと普通は思うかもしれないが、どうも現実はそうではなかったようだ。

現地では前日深夜に電子メールで翌日（取材日）の自衛隊の活動予定が広報担当から配信される。「明日はお見せするアイテム（支援活動のこと）がございます」などと時間と場所を指定しただけの短文で、具体的な内容は、その時間に集合して説明を受けるまではわからない。毎日新聞の安達一成記者は「詳細な内容は事前に明かされないため、必ず足を運ばざるを得なかった。隊員の密着取材をできないので、彼らの目に支援活動がどう映ったかなど迫りきれなかった」。同紙の藤生竹志記者は「陸自は宿営地の面積やサマワ市内からの距離も教えてくれない。安全のため書くなと言う。現地にいれば自明なのに」。四月七日深夜（現地時間）、宿営地付近に初めて迫撃弾が撃ち込まれると、広報からは「破裂場所の細部位置を認識した場合におきましても安全上の観点から細部位置についての公表はお控え下さい」とのメールが記者宛に届いたという（毎日新聞〇八年一〇月六日朝刊）。記者の不満はかなり大きかったようだ。先崎一陸上幕僚長が四月にサマワの宿営地を尋ねた際などは、事前説明どころか日本からの出国も秘密にした。東京の防衛庁には不在にもかかわらず、在庁を示すランプが点灯し、わざわざ定例記者会見も設定された。宿営地での滞在中は、記者が宿営地を出ることや、携帯電話の使用も禁止するなど徹底した秘密主義を貫いた。次回からは携帯電話を預かるという方針も示されたらしい。取材ルールに合意したところで防衛庁・自衛隊側は報道機関をまったく信用せず、実態として情報開示は進まなかった、と言って良いのではないだろうか。

ちなみに四月八日に日本人が武装勢力に誘拐されるなどイラク国内における治安の急速な悪化に伴って、新聞・放送局の日本人記者によるサマワでの自衛隊取材はほどなく、終わることになった（報道各社は「ストリンガー」と呼ばれる現地の人を記者として採用し取材する方法に切り替えた）。一月二〇日に先遣隊が到着してからわずか三カ月ほどだった。

■米軍との大きな落差

一方、イラク戦争で米軍に従軍取材した記者からは意外な証言が出ている。

共同通信の儀間朝浩記者は砲兵大隊に「エンベッド（埋め込み）」取材した。自衛隊と同様に報道規制に関する文書に署名して参加することになる。自衛隊が取材ルールの協議で示した報道禁止事項は、米軍を参考にしたため極めて似通っている。最も違うのが、米軍はまさに戦時におけるルールだという点と、それとの引き換えに記者自身が驚くほどの情報を得ることができたことだった。

作戦内容は事前に広報され、同記者は「事前に報道しないことを条件にしたとは言え、何十人もの記者やカメラマンの中には、われわれのように外国メディアもいる。手の内を明かしていいのかと、こちらの方が戸惑うほどだった」と感想を語っている（「バグダッド攻防を見た――制約下の従軍取材」国際安全保障二〇〇四年一二月号）。日本テレビの今泉浩美記者も砲兵大隊に従軍した。「実際の従軍取材では、いわゆる〝取材規制〟は全くと言っていいほどなかった。従軍取材が一旦始まってからは、現場で米軍の広報官が立ち会うことは一切なく、兵士へのインタビューは質問なども含めて本人が了承すれば自由にできた。原稿や映像について事前事後の検閲はなく、事実カメラの前でこの戦争に対する疑問を堂々と口にする兵士もいた」という（「イラク戦争従軍取材　日本のテレビ報道に携わる者として」同）。

繰り返しになるが、米軍取材は交戦相手国内で軍事作戦を展開中なのに対して、陸自の取材は、日本政府が認定する「非戦闘地域」での、しかも人道復興支援を掲げた活動が取材の対象なのだ。同じようなルール下でありながら取材・報道の自由、情報開示をめぐる運用の落差は余りに大きい。

■放送局は「指定公共機関」に

他国から日本が武力攻撃を受けるなど有事の際の対処を定めた、武力攻撃事態法（武力攻撃事態等及び存立危機事態における我が国の平和と独立並びに国及び国民の安全の確保に関する法律）が二〇〇三年に成立し、日本の放送局も政府の「戦争政策」の一環に法制上も組み込まれることになった。武力攻撃事態法は政府や地方自治体だけでなく、「指定公共機関」としてガス、輸送、通信などの民間事業者も動員する内容で、日本銀行、日本赤十字社と並び、NHKも具体的に明記された。政府は有事に動員する放送局には、NHKだけでは不十分だとして、政令で民間放送も「指定公共機関」とすることにしたからである。現在、在京キー局や地方のテレビ、ラジオの地上波放送局は、指定公共機関（都道府県知事が定める「指定地方公共機関」を含む）になっている。

指定公共機関である放送局は何を行うことになるのか。具体的な内容は、国民保護法に定められている。

同法が放送局に課している義務は、武力攻撃が発生するなどした場合の放送だ。

武力攻撃事態法は、日本への攻撃があった事態の重要度に応じて、①武力攻撃、②武力攻撃事態、③武力攻撃予測事態――の三段階に区分している。二〇〇四年に制定された、国民保護法は、こうした事態に至った際に、①首相（武力攻撃事態等対策本部長）が発令（解除を含む）する「警報」（総務大臣が通知する）、②都道府県知事が首相の指示に基づいて発する「避難の指示」（都道府県知事が通知する）、③知事が、武力による攻撃で発生した災害から住民を保護するために発する「緊急通報」（同）の三つを放送することが規定された（五〇、五七、一〇一条）。武力攻撃事態だけではなく、大規模テロなどを想定した「緊急対処事態」でも同様の仕組みが規定されている。

第一部第6章「第一次安倍政権」で取り上げた放送法に基づく総務相大臣による、NHKへの「命令（要請）放送」では、具体的に流す個別内容がNHKに任されているのに対して、国民保護法では放送する内容まで具体的に指示されており、放送への関与度は格段に高い。第二次世界大戦中に繰り返された大本営による発表報道を彷彿とさせる仕組みである。

武力攻撃事態法は、「指定公共機関は、国及び地方公共団体その他の機関と相互に協力し、武力攻撃事態等への対処に関し、その業務について、必要な措置を実施する責務を有する」（六条）と定めており、首相は指定公共機関に対する「総合調整」を行えるとしている（一四条一項）。総合調整は「対処措置を的確かつ迅速に実施するため必要があると認めるときは」と、何でも可能なほど幅広い理由を認めているのである。総合調整の権限は国民保護法二九条一項で都道府県知事や市町村長にも認めている。このほかにも同法は各省庁の大臣や、都道府県知事、市町村長が業務上、指定公共機関の協力が必要と認めた場合、「要請」ができる（二一条三項）と規定している。

都道府県知事や市町村長はほかにも、①指定公共機関に対して「緊密な連絡を図る必要があると認めるときは職員を派遣するよう求めることができる」（国民保護法二九条三項）、②「総合調整を行うため必要があると認めるときは、関係機関に対し、報告又は資料の提出を求めることができる」（同条九項）、③安否情報を保有する関係機関は、（市町村長や都道府県知事による）安否情報の収集に協力するよう努めなければならない」など、多くの権限を行使できるのである。

武力攻撃事態法には、二〇一五年の改正で自衛隊による武力行使ができるケースについて「存立危機事態」が加わった。これは「我が国と密接な関係にある他国に対する武力攻撃が発生し、これにより我が国の存立が脅かされ、国民の生命、自由及び幸福追求の権利が根底から覆される明白な危険がある事態をいう」と定める。存立危機事態下での放送局の役割は分からないが、新たな役割を今後、課せられる可能性はある。

指定公共機関制度の導入に対して、当事者の放送局はどのような対応をしたのか。NHKが同法に基づいて作成した「国民保護業務計画」（二〇〇六年）は「総合調整」や「要請」に対して「国民の保護のための措置を実施するよう努める」とし、職員派遣や報告・資料の提出についても「特に困難な事情がない場合」は応じることを盛り込んだ。

NHKの海老沢勝二会長は〇四年三月の衆院総務委員会で次のように述べている。

「指定公共機関になろうがなるまいが、国民の生命財産を放送を通じて守っていくのが我々の最大の使命。どういう事態になっても、常に視聴者・国民の立場に立って、適正な、的確な報道をするのが役目だ。今度の法案の中でも、国なりあるいは都道府県から警報または避難の指示及び緊急の通報、この三つが義務づけられている。それを我々はきちっと報道しながら、またいろいろな周辺の取材をしながら、できるだけ迅速に、わかりやすく、公平に伝えていく、この方針にはいささかも変わりありません。法律ができても我々の取材が制限されるようなことはないと私は思っておりますし、我々もまた報道の自由、言論の自由を守るという大きな使命を持っておるわけであります」

これが、公共放送トップの報道観なのかと思うとがっかりする。この年の夏にＮＨＫ職員による多額の受信料着服事件が発覚し、海老沢会長は翌年一月に辞任してしまう。

それでは、民放はどうか。

日本民間放送連盟（民放連）は二〇〇三年一一月、「報道の自由を確保する観点から大きな懸念を抱いている」と、放送局を指定公共機関としないよう政府に要望し、各社の幹部らが反対の意思を表明していた。ところが、〇四年三月の国民保護法案の国会提出を前に反対の旗を降ろしてしまった。政府は当初、国民保護法に基づく、指定公共機関が策定する業務計画について、首相との事前協議が必要としていたが、民放連が政府と折衝した結果、放送局側が独自に業務計画を作り、その後政府に提出する事後報告の形を認めさせた、というのが大きな理由だ。

しかし、「報道が制約を受ける実態はほとんど変わりないのに、旗を降ろしたのはおかしい」（在京キー局幹部）と、民放内に不満はくすぶったままだった。実際に指定を受け入れるかどうかの判断は各社に委ねられたが、政府の要請に東京、大阪、名古屋のキー、準キー局のテレビ・ラジオ一九社から表立った反発の動きはなかった。

一方、新聞社を指定公共機関としなかった理由は何か。政府は二〇〇二年五月に見解を示している。その中で「放送事業者については警報等の緊急情報の伝達のために指定公共機関として指定することを考えている。新聞については警報等の緊急情報の伝達の役割を担うことは一般に考えにくい」とし、消防庁も〇四年一二月に都道府県担当者宛に「速報性のある緊急情報の伝達の役割を担うことは一般に考えにくい。新聞社を指定地方公共機関に指定することは国民保護法上適当ではなく、指定すべきではないと考える」との文書を出した。テレビやラジオの番組をインターネットで視聴する時代である。速報性が重要だとすれば、いずれインターネット・メディアも指定対象として浮上してくるのだろうか。

政府は、特定の内容の放送を義務づけるだけでなく、その内容についても報道機関に自主規制を求める可能性も国会で言及している。例えば、小泉純一郎政権下だった二〇〇二年七月、福田康夫官房長官は、報道機関同士が誘拐事件などの際に結ぶ報道協定について「(武力攻撃)事態の状況に応じて、人命尊重などの観点から真に必要な場合においては、報道協定などについてお願いするということはあり得る」と明言している。

小泉首相自身も〇四年四月に国会で「戦時においても報道の自由というのはある。制限というよりも、自粛してもらいたいということはあり得る。残酷な場面等、メディア、興味があれば何でも放映するかというと、そうでもない。人質の事件の場合においても、生命にかかわる場合は、ぜひとも自粛してくれという場合がある」と報道自粛を求める可能性に触れている。これはテレビやラジオだけにはとどまらない。当然、新聞や雑誌、インターネットも視野に入ってくるだろう。

また、二〇〇四年四月に麻生太郎総務相は「仮に民間放送が知り得た軍の装備、人員、輸送道路等々が放送されるということは決して日本の国の利益にはならない。従いまして、ある程度放送が制限されることは十分にあり得る」と、さらに踏み込んだ答弁をしている。放送免許を出す権限を持つ担当大臣の答弁である。

〇四年四月という時期は、先に述べた防衛庁と報道機関の間で取材・報道ルールが合意された翌月に当たる。小泉首相も麻生総務相も報道機関との協議を通じて有事の際には情報統制に関する譲歩を報道機関から引き出せることを学んだのではないだろうか。この点はもっと報道関係者の間で認識されていいのではないだろうか。

■揺らぐ報道の自由

二〇〇一年九月一一日に起きた「米同時多発テロ」は、日本においても有事法制の整備を加速させた。改正自衛隊法による「防衛秘密制度」の導入、武力攻撃事態対処法（〇三年）、国民保護法（〇四年）、「日米軍事情報包括保護協定」（〇七年）、外交・安全保障政策の司令塔となる「国家安全保障会議」（日本版NSC）の設置（一三年）、国の安全保障にかかわる情報を漏らしたり探ろうとしたりする行為を厳罰とし秘密を保護する「特定秘密保護法」（同）、武器輸出三原則にかわる「防衛装備移転三原則」（一四年）。そして、「集団的自衛権の行使容認の閣議決定」（一四年）をへて、「安全保障関連法」が一五年に制定された。枚挙にいとまがない。

日本国憲法の施行から七〇年の節目となる二〇一七年は、集団的自衛権の行使容認に伴う有事法制の整備によって、憲法九条が象徴する平和主義の分かれ道となるだけでなく、マスメディアがその保障の恩恵を受けてきた二一条が規定する表現の自由もまた大きく揺らぐ年になるだろう。

「法律に書いてある。何の問題もない」。菅義偉官房長官の声が聞こえて来そうではないだろうか。無謀な戦争の片棒を担いだことへの反省の上に戦後の再出発を許された日本のマスメディアの戦後責任への姿勢が問われている。

第3章　玉音放送事件の柳澤恭雄さんインタビュー

日本の敗戦を告げる一九四五年年八月一五日のラジオの玉音放送にかかわった元NHK職員、柳澤恭雄さん（一九〇九〜二〇〇七年）は、政府が報道機関を統制下に置くことを可能にした武力攻撃事態法や国民保護法などの有事法制の整備に強い危機感を募らせていた。「戦前の報道統制の流れに似てきた」――。インタビューの途中に何度となく口にした。日中戦争のさなかだった一九三八年、NHKの前身、社団法人・日本放送協会に入り、四五年の終戦時は報道部副部長としてニュース編集の責任者を務めていた。筆者は柳澤さんに対して、二〇〇四年と〇七年に二度、インタビューを行った。自戒を込めて報道の自由の大切さを訴える生前のインタビューを紹介する。

――太平洋戦争中、日本放送協会は政府や大本営の検閲をどのように受けていたのですか。

ラジオ放送を対象にした無線電信法には「政府之ヲ管掌ス」とあり、協会の実態は政府の下請け機関。ニュースは同盟通信（戦後に共同通信と時事通信に分割）の配信記事の中から記事を選び、ラジオ用に書き直すことが主な仕事だ。逓信省や内閣情報局は、検閲済みの同盟の記事を放送前にさらに検閲した。開戦後は協会と軍との間に直通電話も置かれた。検閲が厳しいため自己規制するようになるが、放送は新聞以上だった。軍はラジオの大きい影響力を思い通りに使いたいと考えていた。ラジオ放送には言論の自由もなかったが、(軍などからの命令を拒否するという) 沈黙する自由もなかった。

——八月一五日の午前四時には反乱軍が放送局に押しかけ、柳澤さんは陸軍少佐に拳銃を突きつけられたそうですが。

少佐は「決起の趣旨を国民(向け) に放送させろ。させなければ撃つぞ」と要求したが、もちろん放送させるわけにはいかない。死を覚悟しながら、少佐の目と拳銃を持つ手と指を見つめて向き合った。「(放送を) やらせてくれよ、頼む」と少佐は語ったが、結局、陸軍の東部軍参謀長に説得され、去った。無事、玉音放送は正午に流れた。

——終戦後直ちに独自取材体制づくりに取り組まれたそうですが。

広島に原爆が落とされた時、言論の自由を奪ってきた逓信省や軍の終焉の姿が浮かんだ。ようやく自主取材制度もつくれると思った。やっと自由に放送できる時代がくる、と。一九四六年六月、新規採用した一三人で放送記者制度はスタートした。

——放送局は有事の際、政府の要請による放送が義務づけられることになりました。自衛隊は戦闘が続く「戦地」のイラクに初めて派遣され、メディアは自衛隊取材で防衛庁との間で一定の情報は報道しないことで合意しました。

今の状況は、満州事変が起きた三一年や日中戦争が始まった三七年のころと似ていると思う。軍の独走を天皇や政府が追認していった。小泉純一郎首相が自衛隊のイラク派兵や多国籍軍への参加をなし崩し的に決めたことなどは戦前のやり方をまねているようだ。

――憲法改正論議も盛んです。

憲法を変えようというところまで来た。二〇〇三年までの「八月一五日」と、これからは意味が違ってくる。「四五年八月一五日」が再び来ないという保証はない。

――国民保護法の成立（〇四年六月）、NHKへの放送命令（〇六年一一月）、放送法改正案の国会提出（〇七年四月）など政府は放送局に対する規制を強めています。

報道、放送の自由と、政府による介入は全く相いれない。菅義偉総務大臣は、〇七年一月発覚した、関西テレビによる番組捏造問題をチャンスとばかりに権力のあからさまな姿をむき出しにしてきた。放送法改正案ではNHKの国際放送への命令を「要請」と薄めた表現に改めたようだが、実態は変わりない。非常に深刻な問題で、このまま通れば、戦前の状態と変わらない。メディア全体を政府の圧力の下に置くということと同じだ。

――「やっと自由に放送ができる」と終戦時に実感したと語っていましたが、今日のような状況を想像できましたか。

全く思っていなかった。NHKを戦前から今日まで見てきた。戦前、放送は政府の言いなりだった。私はそれを検閲放送と名付けた。事前検閲を受けないと放送できなかった。今なお権力者の頭の中には戦前の状態が惰性で色濃く残っているし、菅氏（総務大臣）は露骨だった。NHKにも惰性が残っている。旧日本軍の従軍慰安婦を取り上げたNHK特集番組をめぐる安倍晋三氏ら自民党政治家による「圧力」問題も同じだ。惰性は、政府に対する土下座根性みたいなものだ。そんなことはないと主張するNHKの人は多いと思うが、ないという現状認識があるほど染み込んでいる。

——放送の自由を保障するにはどうすべきでしょうか。

放送の自由は危ういと思う。放送を政府が監督する仕組みの最も悪い点が表れた。放送行政は政府権力の外になければいけない。米国のＦＣＣ（連邦通信委員会）のような政府から独立した電波監理委員会ができて本当に良かったと思ったが、五二年に占領が終わると吉田茂内閣は廃止してしまった。放送の自由を確保するためには絶対必要条件だった

「戦前の報道統制の流れに似てきた」。元NHK解説室主管の故・柳澤恭雄氏（元日本電波ニュース社社長）。

——今のメディアへの提言は。

日本放送協会は、戦前は政府・軍部、戦後は占領軍と、四半世紀にもわたり検閲下にあった。いろいろ疑問を持ちながらも、うその放送をしてき

た私の責任は大きい。戦争に賛成できないことを表明できなかったことは、ジャーナリストとしても人間としても深刻な問題だ。私の「戦後」は死ぬまで続くだろう。どんなことが起きても国民が「日本のメディアは正しいことを報道してきた」と思えるメディアであってほしい。

柳澤恭雄さんは一九〇九年、京都府山城町（現木津川市）に生まれた。東京帝国大学文学部社会学科に進み、日本新聞学会名誉会長を務めるなどジャーナリズム研究の権威だった小野秀雄氏（一八八五～一九七七）の新聞研究室に学んだ。日中戦争時の三八年に社団法人・日本放送協会に入局。四一年に召集され、仏印・サイゴン（現ホーチミン市）から蘭印・ジャワ向けの謀略放送などに従事した。

一九四五年八月一五日の終戦時は、国内局報道部副部長。同日未明、東京・内幸町の放送局に畑中健二陸軍少佐が乗り込んできた。少佐に拳銃を突きつけられ徹底抗戦を訴える放送をさせるよう要求されたが、柳澤さんは拒否し、体を張った抵抗で玉音放送にこぎつけた。

東宝映画「日本のいちばん長い日」（岡本喜八監督、一九六七年）で畑中少佐らが協会を占拠するシーンは有名だが、畑中少佐に拳銃を突きつけられたのは、館野守男アナウンサーとなっていて、柳澤さんではない。

戦後は、戦前のＮＨＫになかった独自取材部門の創設にかかわり、新聞記者に対して「放送記者」と名付けた。五〇年のレッドパージでＮＨＫから去った一一九人の一人だった。解説室主管などを務めた。六〇年にテレビ局向けの通信社として「日本電波ニュース社」を私財を投じて設立し、社長に就任した。六二年、日本メディアとして初めてベトナム民主共和国（北ベトナム）のホー・チ・ミン大統領との単独インタビューに成功した。

柳澤さんは生前、電波ニュースの後輩達に、①権力のお先棒担ぎはやめなさい、②小さな会社でも大きな仕事ができる。志があればこの職業はおもしろい、③何のため誰のために報道するのかを考えてほしい――という言葉を残している。二〇〇七年八月二三日に老衰のため死去した。九八歳だった。九月二八日に東京都千代田区の学士会館で開かれた「お別れの会」で、橋本元一NHK会長（当時）は「戦後の報道機関の礎を築かれた一人」と功績をたたえる弔電を寄せた。主な著書に『検閲放送――戦後ジャーナリズム私史』『戦後放送私見――ポツダム宣言・放送スト・ベトナム戦争報道』。

第三部　相次ぐ規制立法

ヘイトスピーチ規制法の施行後に初めて行われたヘイトデモ。神奈川県川崎市中原区で（2016 年 6 月 5 日）

第1章　改正通信傍受法

二〇一六年の通常国会では憲法二一条に大きくかかわる二つの法律が成立した。

一つは改正通信傍受法（犯罪捜査のための通信傍受に関する法律）＝一六年一二月一日施行。もう一つは、ヘイトスピーチ（憎悪表現）規制法（本邦外出身者に対する不当な差別的言動の解消に向けた取組の推進に関する法律）＝一六年六月三日施行＝だ。

通信傍受法はこれまで重大な犯罪に限って認められてきた捜査機関による盗聴捜査を、窃盗や詐欺など一般犯罪に広げた。ヘイトスピーチ規制法による表現規制は、在日コリアンといった特定個人ではない集団を標的にした差別的言動にも及ぶことにした。

言うまでもなく、憲法二一条は一項（集会、結社及び言論、出版その他一切の表現の自由は、これを保障する）で表現の自由を、二項（検閲は、これをしてはならない。通信の秘密は、これを侵してはならない）で通信の秘密を保障している。

これまで国家機関が踏み込むことに最も躊躇していた領域での権力行使を大幅に容認したことに大きな特徴がある。二つの法律の成立は、二一条にとっては転換点だった。

委員長（荒木清寛君）　後刻、後刻……（議場騒然、聴取不能）
鈴木君提出の動議に賛成の方の挙手を願います。（議場騒然、聴取不能）
「盗聴法案」と呼ばれた通信傍受法案が一九九九年八月九日の参院法務委員会で、与党の強行採決で通過したときの様子を議事録はこう伝えている。荒木委員長（公明）の発言だけは聞き取れたことになっているが、当時、記者席から目の前で議事録の描く光景を目撃していた筆者には委員長の声は全く聞き取れなかった。通信傍受法に対する批判の声はそれほどまでに大きかった。今回の改正反対の声の小ささとは驚くほどの違いがあった。

■当初は四種の犯罪に限定

まずは、通信傍受法の改正前の仕組みを概観したい。

携帯電話の通信や電子メールの盗聴捜査は、裁判所による通信傍受令状の交付を受けて行われる。傍受を行う場所は、通信事業者の施設内。盗聴が許されるのは犯罪に関連する通信のみで、それ以外で例外的に可能なのは、スポット傍受と呼ばれる通話内容を確認するためだけである。通信事業者が立会人として常時、傍受の外形的なチェックを行い、盗聴内容を保存した記録媒体を封印し、裁判所が媒体を保管する。警察からの通知を受けた盗聴対象者は裁判所に不服申し立てできることになっている。

盗聴捜査が可能な犯罪の種類は、①薬物犯罪②銃器犯罪③組織的殺人④集団密航――の四種類（関連法は九本）に限られ、「数人の共謀によるものと疑うに足りる」ことが要件とされた。傍受できる期間も一〇日間（最長で三〇日）。ただ、一四条は「別表に掲げるもの又は死刑若しくは無期若しくは短期一年以上の懲役若しくは禁錮に当たるものを実行したこと、実行していること又は実行することを内容とするものと明らかに認められる通信が行われたときは、当該通信の傍受をすることができる」と定めて、盗聴中に判明した事件での盗聴を容認している。捜査機関にとっては、一見「使い勝手」の悪い仕組みにしてあるようにも見える。

通信傍受法が成立した当時は、一九八六年一一月に発覚した緒方靖夫・日本共産党国際部長の自宅（東京都町田市）の電話を神奈川県警が盗聴していたことが発覚した事件の記憶がまだ生々しかった。

少し脇道にそれるが、この事件に関連して元検事の回想録に書かれた注目すべき記述を紹介したい。伊藤栄樹『秋霜烈日 検事総長の回想』（朝日新聞社）からの抜粋だ。

「ここで、たとえ話を一つしよう。よその国の話である。

その国の警察は、清潔かつ能率的であるが、指導者が若いせいか、大義のためには小事にこだわらぬといった空気がある。そんなことから、警察の一部門で、治安維持の完全を期するために、法律に触れる手段を継続的にとってきたが、ある日、これが検察に見付かり、検察は捜査を開始した。

やがて、警察の末端実行部隊が判明した。ここで、この国の検察のトップは考えた。末端部隊による実行の裏には、警察のトップ以下の指示ないし許可があるものと思われる。末端の者だけを処罰したのでは、正義に反する。さりとて、これから指揮系統を次第に遡って、次々と検挙してトップにまで至ろうとすれば、問題の部門だけでなく、警察全体が抵抗するだろう。その場合、検察は、警察に勝てるか。どうも必ず勝てるとはいえなさそうだ。勝てたとしても、双方に大きなしこりが残り、治安維持上困った事態になるおそれがある。

それでは、警察のトップに説いてみよう。目的のいかんを問わず、警察活動に違法な手段をとることは、すべきでないと思わないか。どうしてもそういう手段をとる必要があるのなら、それを可能にする法律をつくったらよかろう、と。

結局、この国では、警察が、違法な手段は今後一切とらないことを誓い、その保障手段も示したところから、事件は一人の起訴者も出さないで終わってしまった。検察のトップは、これが国民のためにベストな別れであったといっていたそうである。こういうおとぎ話。

わが国でも、かりに警察や自衛隊というような大きな実力部隊をもつ組織が組織的な犯罪を犯したような場合に、検察は、これと対決して、犯罪処罰の目的を果たすことができるかどうか、怪しいとしなければならない。そんなときにも、検察の力の限界が見えるであろう。もっとも、そのときはそのときで、どこかの国でのように知恵を働かす余地がないでもないが」（検察の限界2　おとぎ話）実に恐ろしい「ミスター検察」による「おとぎ話」である。伊藤氏は一九八五年一二月に検事総長に就任している。盗聴疑惑のさなかにあった。

憲法の権威だった故・奥平康弘東京大学名誉教授は「国家機関にとっては私的な情報であればあるほど、なんとしても盗みたくなるのはほとんど自然である」と述べている。

通信傍受法が制定される前の盗聴捜査は、刑事訴訟法に規定のある検証として令状に基づいて行われていたが、この事件ではその手続きは踏まれていなかった。実行した警察官が特定されながらも指示したとみられる警察庁や県警などの上層部を含めて不起訴となり刑事責任が問われることがなかった。

それだけではない。警察は盗聴の事実を否定し続けた。捜査機関による濫用懸念が大きく、公明党の主導で国会で政府案の一部が修正された経緯がある。

具体的には、刑法など二〇あった法律を九本に絞り、▽傍受令状を交付できる裁判所から簡易裁判所を削除▽令状を請求できる検事の指定や、警部から警視以上の階級の警察官に限定▽立会人は意見を述べることができる——などの修正を行った。

それほど盗聴捜査の合法化に対する当時の世論の目は厳しかった。

■監視の目、緩かった改正案

通信傍受法の改正案が提出された今回は、大きく様変わりした。二〇一五年、通過した衆院段階では、安全保障関連法案の影に隠れ、継続審議となった二〇一六年の参院段階では、舛添要一都知事の政治資金の公私混同疑惑の前に霞み、世論の監視が甘い中で改正されてしまった。

改正内容は、犯罪対象の大幅な追加だった。組織性が疑われる▽現住建造物等放火▽殺人▽傷害・傷害致死▽逮捕・監禁・逮捕等致死傷▽未成年者略取・誘拐など▽窃盗・強盗・強盗致傷▽詐欺・恐喝など▽爆発物の使用▽児童ポルノの不特定・多数への提供——と一般犯罪を含めて九種類の罪が加わった。

通信の傍受に関して最高裁はどのように判断しているのか。

最高裁は一九九九年一二月、「電話傍受は、通信の秘密を侵害し、ひいては、個人のプライバシーを侵害する強制処分であるが、一定の要件の下では、捜査の手段として憲法上全く許されないものではないと解するべきであって、このことは所論（筆者注・弁護側の主張）も認めるところである。そして、重大な犯罪に係る被疑事件について、被疑者が罪を犯したと疑うに足りる十分な理由があり、かつ、当該電話により被疑事実に関連する通話の行われる蓋然性があるとともに、電話傍受以外の方法によってはその罪に関する重要かつ必要な証拠を得ることが著しく困難であるなどの事情が存する場合において、電話傍受を行うことが犯罪の捜査上真にやむを得ないと認められるときには、法律の定める手続きに従ってこれを行うことも憲法上許されると解するのが相当である」（「裁判所ウェブサイト」から）と述べた。つまり、合憲基準として▽重大な犯罪に係る被疑事件▽当該電話により被疑事実に関連する通話の行われる蓋然性がある▽電話傍受以外の方法によってはその罪に関する重要かつ必要な証拠を得ることが著しく困難▽犯罪の捜査上真にやむを得ないと認められる――などを示した。

詐欺、恐喝、窃盗は財産犯であり、必ずしも重大犯罪とは言い難い。全刑法犯の七割は窃盗事件だ。中学生の集団万引きだって盗聴捜査が可能なほど対象を広げた法律が果たして合憲だと言えるのだろうか。

第三者によるチェック体制も甘くなった。通信事業者からの転送システムを構築することで警察施設内での盗聴が認められることになったのだ。

今回の改正では当時の議員修正で外された罪種を追加した形になった。せっかく限定しながら戻したというわけだ。小さく産んで大きく育てる「悪法」の典型例であると言えよう。

最初の盗聴捜査が実施された二〇〇二年から一四年までの通信傍受の回数は、約八万八〇〇〇件。このうち犯罪関連通信はわずか約一万三五〇〇件。約八五％は本来、憲法で守られるべき通信だったのである。それにもかかわらず、こうした人たちへの通知や不服申立制度も導入されなかった。

そもそも通信傍受法の改正は、大阪地検が着手した障害者団体向けの割引制度を悪用したいわゆる「郵便不正事件」（二〇〇九年）に絡んだ大阪地検による証拠改ざん事件が発端だった。郵便不正事件では、障害者団体としての証明に必要な厚生労働省発行の証明書が使われており、発行権を持つ障害保健福祉部企画課長の職にあった、厚生労働省雇用均等・児童家庭局の村木厚子局長が虚偽公文書作成・同行使の疑いで逮捕・起訴された（〇九年）。ところがその後、朝日新聞の調査報道で、大阪地検の検事が捜査過程で証拠を改ざんしていたことが明らかになった（二〇一〇年九月）。

この事件を受けて法務省は「新時代の刑事司法制度特別部会」を設置し、捜査の透明化に向けた改革が進むはずだった。当時は布川事件、足利事件など冤罪事件が相次いでいた。ところが、「供述に過度に依存しない捜査」として捜査機関側が提案したのが、通信傍受法の改正。肝心の取り調べの可視化を実現する録音・録画については、裁判員裁判対象の重大事件と、検察の独自捜査のみで全刑事裁判のわずか三％程度にとどまる名ばかりの「改革」だった。いわば、捜査機関の焼け太り改革だったのである。

■将来は会話傍受も？

米国のように報道機関の通信も盗聴捜査の対象となるのか。一九九九年の国会審議でも大きな論点となった。

警察法施行令に基づく「通信傍受規則」（二〇〇〇年八月八日）の六条には「傍受の実施に当たっては、警察本部長は、あらかじめ、次に掲げる事項について、捜査主任官に対し、文書により指示しなければならない」とあり、「報道の取材のための通信が行われていると認めた場合に留意すべき事項」を定めている。医師や弁護士、宗教の職にある者との間の通信については盗聴を法律で禁止している。しかし、報道機関は法律上は明記されず、運用に任されることになった。

ある県警が通達した留意事項には「報道機関には、犯罪に関する情報を含めて種々の情報が集約されるものであることから、たとえ報道機関が設置、使用している電話等に犯罪に関する情報が寄せられていることが判明したとしても、報道の自由を尊重するという観点等から、報道機関が設置、使用している電話等を傍受の実施の対象とすることは適当ではない」と明記している。盗聴対象の電話に報道機関からたまたま取材電話がかかってきたときは「原則」終了しなければならない、としている。当然、例外もあり、「犯行告白等を行う」などしたために盗聴を開始した電話の会話相手が傍受の途中で後に「取材のための通信（筆者注・電話など）であることが判明したときは、傍受を継続しても差し支えない」と認めている。何のことはない「取材の電話だと後から分かった」と言えば良いのである。どこの都道府県警もほぼ同じ基準で運用しているとみられる。

盗聴法が成立した九九年の第一四五回国会は、国のかたちを変えたと言われた。日の丸を国旗に、君が代を国歌に定めた国旗国歌法、自衛隊の出動範囲を拡大する「日米防衛指針関連法」、国民全員に住民票コードを割り当てる住基ネット導入を柱とした改正住民基本台帳法といった国民世論が大きく割れた法律が小渕恵三政権下で相次いで成立した。それから一七年。

防衛指針関連法は、防衛秘密制度の創設（二〇〇一年）や「イラク特措法」（〇三年）。武力攻撃事態法（〇三年）、国民保護法（〇四年）を経て国家安全保障会議設置法（一三年）、特定秘密保護法（同）、安全保障関連法（一五年）――などの有事法制整備と結びついていった。住民票コードを基にした新たな背番号を割り当てる「マイナンバー（個人識別番号法）法」（一三年）。国旗国歌法は、愛国心教育を盛り込んだ改正教育基本法（〇六年）への流れを加速させた。国民の個人情報の収集と国家機密の保全体制の整備という歴史の中で、通信傍受法の改正はとらえられるべきだろう。今後はさらに通信だけでなく、室内で交わされる「会話傍受」にも広がっていく可能性は小さくない。今回の改正論議の中でも浮上した新たな捜査手法である。それこそ「盗聴」である。

第2章　ヘイトスピーチ

■ヘイトデモ断念

二〇一六年六月五日の日曜日に神奈川県川崎市中原区で予定されたデモは、全国の注目を集めていた。「ヘイトスピーチ規制法」と呼ばれる「本邦外出身者に対する不当な差別的言動の解消に向けた取組の推進に関する法律」が成立し、同月三日に施行されて最初の「ヘイトスピーチデモ」だったからだ。

ヘイトスピーチ規制法は、「差別的意識を助長し又は誘発する目的で公然とその生命、身体、自由、名誉又は財産に危害を加える旨を告知する」など「地域社会から排除することを扇動する不当な差別的言動」をヘイトスピーチと規定している。罰則がないために実効性に疑問符が付けられた同法がどのような効果を発揮できるのかが焦点となった。デモの現場を見に行った。

この日のヘイトデモは当初、在日コリアンが多く居住する川崎区内で予定されたが、川崎市が同区内の公園使用を不許可としたことから場所を七キロほど移しての実施に変更となっていた。

デモ隊の出発時刻前に集まった数百人に上るヘイトデモに反対する人たちの声でデモ参加者の訴えはかき消され、少し離れるとほとんど聞き取れないほど現場は騒然としていた。

ヘイトデモ隊によって掲げられた旗やプラカードに書かれた内容は「反日国家の国民を公務員に採用するな!」、スターリンや毛沢東、金日成ら社会主義国の指導者の似顔絵とともに「共産主義、協力者とその敗北」といった新法を意識したような穏当な表現になっていた。

最も変わったのは、警察や行政機関の姿勢ではないだろうか。十数人ほどのデモの列の進路を阻むように公道上に反対派の人たちが座り込んだ。これに対して警察官は排除せず、むしろ「これが世論だ」としてデモ主催者側に中止を説得にまわったのだった。警察による警備をめぐっては二〇一六年三月、デモへの抗議を行っていた女性が警察官に首を絞められる事件が起きた。ヘイトデモに味方するかのような警察の現場対応は不信感を高めたが、そうした問題は起こらなかったのである。結局、デモは十数メートルを進んだところで中止となった。

■公権力に都合良く運用される恐れも

ところで、デモ側が掲げたプラカードの中には「言論・表現の自由を守れ!」というものもあり、その表現規制を招いた当事者の本末転倒の主張は、かつてメディア規制三法の一つとして報道界があげて批判した人権擁護法案(二〇〇三年廃案)に反対した自民党内の右派の主張と重なって見えた。安倍政権を支えるメンバーが多く、中国や北朝鮮、韓国への批判に対する規制を受けたくないというのが本音だったと思われた。このことは、今日のヘイトスピーチ問題とは無縁ではないだろう。

　川崎市の例のように市民の力でヘイトデモを阻止した意義は大きい。そのことを共有しつつも、あえて指摘しておきたい点がある。それは、ヘイトスピーチ規制法には罰則規定がないにもかかわらず、デモで見せつけた法が及ぼす内容以上の効果の大きさである。わずか十数メートルのデモであったが、厳密に言えばこのデモが法に定義された不当な差別的言動に当たると果たして言えるのだろうか。そういう疑問である。

　二〇一五年から一六年にかけて公の施設や大学などの公的施設での展示やシンポジウムが「政治的」などの理由で排除されたことが社会問題化した。今回の法制定が、「差別的言動」を口実にした公権力に都合良く運用される恐れはないのか。メディアはそうした動きにも細心の注意を払う必要がある。

第3章　共謀罪

■一七年の通常国会に提出

犯罪の被害がなくても実行に合意しただけで処罰できる共謀罪の新設について、安倍政権が本腰を入れ始めた。二〇一二年一二月の政権発足以来、共謀罪の必要性を強調しながらも国会への法案提出については、世論の反発を踏まえて慎重な構えを見せていた姿勢を転換したのである。菅義偉官房長官は一六年八月二六日の記者会見で「国際組織犯罪防止条約を締結し、国際社会と協調して組織犯罪と戦う。このことは極めて重要だ」と表明した。政府は一六年秋の臨時国会への提出の意向を表明した。しかし、連立を組む公明党から慎重な対応を求められたため、一七年の通常国会での成立を目指すことになった。このあたりは、国民の反応を探るための自公による「あうん」の演出にも映る。

共謀罪を創設する組織犯罪処罰法の改正案が最初に国会提出されたのは、二〇〇三年三月だった（〇三年一〇月に衆院解散で審議未了のまま廃案）。当時は、小泉純一郎内閣だった。法務省の資料によると、〇〇年九月に発効した国際組織犯罪防止条約は、「長期四年以上の自由を剥奪する刑又はこれより重い刑を科すことができる」重大な犯罪の共謀について犯罪として処罰できるようにすることを締約国に対して義務づけている。分かりやすく言えば、懲役・禁固四年以上の犯罪が対象となる。日本も同年一二月に署名し、〇三年五月には国会も承認した。

共謀罪法案はその後、〇四年二月に再提出され、同年六月に審議入りしたものの、〇五年八月の「郵政解散」で再び廃案。同年一〇月に再提出され継続審議扱いとなったが、〇九年七月の衆院解散で三度目の廃案となっている。

法案は、次のような内容だった。

（組織的な犯罪の共謀）

第六条の二

1　次の号に掲げる罪に当たる行為で、団体活動として、当該行為を実行するための組織により行われるものの遂行を共謀した者は、当該各号に定める刑に処する。ただし、実行に着手する前に自首した者は、その刑を軽減し、又は免除する。

一　死刑又は無期若しくは長期一〇年を越える懲役若しくは禁固の刑が定められている罪　五年以下の懲役又は禁固

二　長期四年以上一〇年以下の懲役又は禁固の刑が定められている罪　二年以下の懲役又は禁固

2　前項各号に掲げる罪に当たる行為で、第三条第二項に規定する目的で行われるものの遂行を共謀した者も、前項と同様とする。

「物を言えない監視社会を生み出す現代の治安維持法だ」「共謀罪は人々の人権や思想を奪う」――。共謀罪には、野党や日本弁護士連合会、市民団体など各層から強い反発が広がった。

共謀罪に対する批判の一つは、既遂行為を処罰する日本の刑法の原則が崩れるというものだ。「未遂」や「予備」といった行為を犯罪として処罰するのは、極めて例外的なケースに限っていた。日弁連によると、陰謀罪は八、共謀罪は一五、予備罪は四〇、準備罪は九――と重大な犯罪で設けられているという。ところが、共謀罪が創設されると、実に六七六の罪種が一気に処罰対象になるという。こうなると、そもそもの刑法の原則が損なわれかねないというわけだ。

また、一律に共謀罪を設けることによって国際組織犯罪防止条約の理念とかけ離れた問題も浮上した。万引き（窃盗罪）や、キセル乗車（詐欺罪）、道路交通法違反といった重大とは言えない犯罪も含まれてしまうからだ。およそ国際犯罪とはかけ離れた犯罪である。建造物損壊罪のように未遂も予備もこれまで処罰対象外としてきた犯罪に対して共謀罪が新設されるというおかしな事態も起きるという。

このため、日弁連は「実質的には組織犯罪集団による重大な犯罪については、現行法でも未遂以前に処罰することができ、条約の批准は現行法で十分に可能」との立場だ。

既遂行為と異なり、「共謀」は、犯罪を行うことで合意したことを第三者が客観的に判断することは難しい。

法務省は、共謀罪の共謀は「共謀共同正犯」と同じだと国会で答弁し、「目配せ、うなずきなど身体的なサインでも共謀が成り立つ」との解釈を示した。それだけではない。暴力団組長がボディーガード役の組員の拳銃所持を具体的に命じていなくても、銃刀法違反罪の共謀共同正犯で有罪となった最高裁判例

共謀罪を創設する組織的犯罪処罰法改正案はこれまで３回国会提出されたが、市民らの反対で廃案になっていた。安倍政権は 2017 年の通常国会での成立を目指す。写真は 2005 年 7 月 27 日。

（二〇〇五年一一月）もあり、共謀の解釈が「暗黙の了解」に広がる懸念もある。このため、識者の間からも「犯罪を実行しなくても、警察が『共謀があった』と認定すれば、主観的に取り締まりや組織弾圧をすることが十分可能になる」との批判が出た。恣意的判断の余地が大きいというわけだ。

■労働争議も視野に？

また、定義が曖昧だとされる「団体の活動」をめぐっては、市民団体や労働組合も標的となり、次のようなケースが想定されるという。

・ある企業の労働組合の会議で「社長の譲歩が得られるまで、徹夜も辞さない手厳しい団体交渉をやる」と決めただけで、会議の参加者が組織的強要（組織犯罪処罰法・

懲役五年以下）の共謀罪に問われる

・会社の同僚数人が「横暴な上司を殴って痛い目に合わせよう」と合意した段階で、傷害（刑法・懲役一五年以下）の共謀罪に問われる

こうした懸念に対して、法務省はこれらの二例に準じた事例を含む一二の共謀罪の「対象にならないケース」を例示し、ホームページで公表している。▽マンション建設に反対する町内会と環境保護NGOのメンバーらが建設阻止運動の一環として、建設会社のロビーで座り込みをすることを計画▽新聞社の社内会議で、汚職の疑いのある公務員に対して多少脅してでもコメントをもらうことで合意▽友人数名で代金を出し合ってCDを一枚購入し、人数分コピーすることで合意――などだ。

一方、「対象となり得るケース」として▽架空の出版社を装う集団の構成員らが、いわゆる「紳士録」に氏名が掲載されている者から掲載料又は記事抹消料の名目で金を騙し取る、又は脅し取ることを計画▽海賊版CDの販売を繰り返している集団の構成員らが人気歌手の多量のCDを無断でコピーして販売することを計画――などの一三例を挙げた。

当時、法務省は「一般のまともに生活している人、労働組合もNPO（非営利組織）も全く関係ない。懸念は全く当たらない。総合的に考慮すれば、容易に判断できる」（杉浦正健大臣）と全面否定した。しかし、このような区別が捜査現場で本当に容易なのだろうか。事件は典型例ばかりではない。

新たな共謀罪法案では、罪名を「テロ等組織犯罪準備罪」と変更し、適用対象も「団体」から「組織的犯罪集団」に変えるという。その上で構成要件を①組織的犯罪集団の活動として、②具体的・現実的な計画を立て、③資金集めなど実行の準備行為を行う――などを加えると報じられている。罪名はともかく、

〇六年四月に自民、公明両党が出した修正案を下敷きにしたものであって、それから一〇年たっても変わっていない、というのはどういうことなのか。国民の懸念を正面から受け止めてこなかったのは明らかだ。当時の民主党案は国際犯罪に絞った対案をまとめているが、本当に必要とするような立法事実があるのだろうか。そうしたそもそも論が不可欠だ。

第四部

沖縄報道をめぐって

2013年1月27日、米海兵隊MV22オスプレイの配備の撤回を求める「NO OSPREY東京集会」が東京・日比谷公園で開かれた。4000人が参加した。

第1章　本土メディアの沖縄報道

■土人、シナ人発言

「どこつかんどるんじゃ、ぼけ、土人が」――。

「黙れ、こら、シナ人」――。

耳を疑うような差別的発言を知ったのは、SNSの「フェイスブック」だった。二〇一六年一〇月一九日。動画投稿サイトに投稿された映像にアクセスして閲覧してみると、聞くに堪えない言葉が機動隊員から発せられていた。

沖縄県国頭村、東村に広がる米軍北部訓練場（ジャングル訓練センター）の一部返還をめぐり、防衛省が進める海兵隊訓練場のヘリパッド（ヘリコプター着陸帯）移設工事が強行されている現場では、反対する市民らによる抗議活動が展開されている。これに対して、沖縄県警の要請を受けた東京、大阪など六都府県警は機動隊員計約五〇〇人を派遣し、交代で警備に当たっていた。反対派ら市民が敷地内に立ち入らないよう金網が設けられたが、この金網を反対派が揺らすなどして抗議の意思を示している中で暴言は吐かれた。

沖縄をめぐっては、公人からの差別的言動が幾度となく発せられて、沖縄県民を傷つけてきた。二〇一一年には、米国務省日本部長が県民を「ゆすりの名人」と揶揄したり、防衛省沖縄防衛局長が「犯す前に犯すと言うか」と発言したり——。最近の例だけでもすぐにこれくらいは思い出す。今回の暴言は、こうした沖縄観が日米の当局者幹部だけでなく、市民と接する第一線の警察官にも深く浸透していることをまざまざと見せつけた。「土人」と機動隊員が吐いた先にいたのは、芥川賞作家の目取真俊氏だった

この問題を全国紙はどのように反応したのか。東京の周辺に住む沖縄に関心を少しでも寄せる人にとって、二〇一六年一〇月一九日の夕刊各紙の小さな扱いに、「やっぱり」と感じた人は、少なくなかったのではないだろうか。東京圏で発行される朝日、毎日、読売の扱いは、三紙ともベタ記事（一段見出し）で小さかった。長くても毎日が三〇行程度で、事実関係を伝えただけだった。

もちろん、沖縄の取材を担当する九州地方に配達される「西部本社版」などと呼ばれる新聞ではもう少し扱いは良かったが、沖縄と本土、というよりも東京との落差は余りに大きい。地元の琉球新報や沖縄タイムスが一面で大きく報道するのは当然だとしても、こうしたニュースの大きすぎる扱いの差はこれまでも幾度となく指摘されてきたところだが、今日もなお、変わらぬ姿勢なのは何故なのだろうか。このことを論じる前にまず今回の「暴言発言」問題について見てみたい。

一〇月一八日に「土人」と発言した機動隊員は、大阪府警から派遣されていた管区機動隊員の男性巡査部長（二九）、「シナ人」と言ったのは、男性巡査長（二六）だったことがすぐに判明し、沖縄県警は一九日、「極めて遺憾。今後そのようなことがないよう指導していく」と報道機関の取材に答えた。

二人の機動隊員を派遣していた大阪府警は、ただちに帰還させた。警察庁の坂口正芳警察庁長官も二〇日の定例記者会見で「発言は不適切で、極めて遺憾だ。今後このような事案の絶無を期すとともに、適切な警備を行うよう指導を徹底していきたい」と述べた。大阪府警は二一日、地方公務員法第三三条（法令及び上司の職務上の命令に従う義務）、三三条（信用失墜行為）などに違反したとして、二人を戒告の懲戒処分とした。監督責任を問い、現地で中隊長をしていた男性警部（四一）も所属長口頭注意となった。府警は「県民を侮辱する意図はなかったが、個人的発言が許されない部隊活動での軽率な発言で、社会的反響も大きく、厳正に処分した」と理由を説明しているという。

そもそも警察法三条は「この法律により警察の職務を行うすべての職員は、日本国憲法及び法律を擁護し、不偏不党且つ公平中正にその職務を遂行する旨の服務の宣誓を行うものとする」と定めている。

巡査部長は「泥だらけの人を見た印象が残り、つい口にした。土人の意味は知らない」、巡査長は「反対派と対立する人たちが言い合いをする中、『帰れ、シナ人』と聞こえたので、つい乗ってしまった。差別表現と知らなかった。侮辱したわけではない」――と府警などの調査に対して釈明したらしい。

■松井大阪府知事発言

府警によるスピード処分が出され、現場が事態収拾に動く中で、波紋を広げたのが、大阪府の松井一郎府知事だ。自分自身のツイッターで一九日夜、「ネットでの映像を見ましたが、表現が不適切だとしても、大阪府警の警官が一生懸命命令に従い職務を遂行していたのがわかりました。出張ご苦労様」とねぎらいの言葉を寄せたのである。この日は、暴言問題が浮上した当日であり、その日の夜でのこうした発言の意図は、明らかに擁護であろう。

松井知事はツイートした翌二〇日になっても言いたい放題だった。記者に対して、

「（土人発言など）言ったことは悪いし（機動隊員は）反省すべきだ」

「間違った発言をすると、その人を特定し、鬼畜生、けだもののようにたたくのは違うと思う」

「現場で相手からも散々言われる中で職務しているわけで、国民すべてが一人の警察官をたたきまくると本当に落ち込む。だから一生懸命やっていたことは認めようということだ」

「日米ガイドラインに従い、基地返還のためにへリパッドをつくっている。反対派の行動、あまりにも過激なんじゃないかなと思う」

翁長雄志・沖縄県知事はこれに対して「不適切発言と認めた上で『よく頑張った』ということになると、筋が違う。沖縄県民への配慮が足りないという印象は持った」と定例記者会見で述べているが、その通りであろう。

大阪市は、全国に先駆けて「ヘイトスピーチ規制条例」（大阪市ヘイトスピーチへの対処に関する条例）を制定し、二〇一六年七月一日に全面施行した。同条例第一条は「ヘイトスピーチが個人の尊厳を害し差別の意識を生じさせるおそれがあることに鑑み、（略）市民等の人権を擁護するとともにヘイトスピーチの抑止を図ることを目的とする」とある。

同条例の適用区域となるお膝元の大阪府知事や大阪府警から差別表現が発せられたり、それをかばったりする発言が飛び出したりするのは、滑稽だと言わざるを得ない。「官」自らが差別する側に立っている

といわれても仕方がない。

市ヘイトスピーチ規制条例第三条には「ヘイトスピーチによる人権侵害に関する市民の関心と理解を深めるための啓発を行うものとする」とある。吉村洋文・大阪市長はまずは、大阪府知事室と村田隆・大阪府警本部長室で、啓発活動を行ったらどうだろう。

翁長知事は機動隊員による暴言が明らかになると、ただちに「強い憤りを感じる」とコメントしたが、那覇市長時代の二〇一三年一月に東京・日比谷公園で開かれた「オスプレイ配備反対」集会後に東京・銀座をデモ行進したときのことを思い出していたのではないだろうか。この集会については後述するが、その時の経験について著書『戦う民意』（KADOKAWA）の中で、次のように記している。

〈「オスプレイ撤回・東京要請行動」で、私は「ああ、日本も変わったな」と感じる状況に直面することになりました。

銀座でプラカードを持ってパレードすると、現場でひどいヘイトスピーチを受けました。巨大な日章旗や旭日旗、米国旗を手にした団体から「売国奴」「琉球人は日本から出て行け」「中国のスパイ」などと間近で暴言を浴びせられ続けました。このときは自民党県連も公明党も一緒に行動していました。

驚かされたのは、そうした騒ぎに「何が起きているんだろう?」と目を向けることもなく、普通に買い物をして素通りしていく人たちの姿でした。まったく異常な状況の中に正常な日常がある。日本の行く末に対して嫌な予感がしました。

要請行動の参加者の多くは、沖縄の基地問題に関する本土の無理解と無関心に初めてぶつかり、ショックを受けたようでした〉

沖縄県名護市辺野古での新基地建設や東村高江でのヘリパッド工事に反対を訴えながらデモ行進する市民。日の丸を掲げて抗議するグループもいた。東京・内幸町で（2016年12月10日）。

もはや日常語でもなく、死語とも言える「土人」「シナ人」という差別用語を若い二〇代の機動隊員が使用する背景には、翁長知事が目撃したこうした人々の存在があるのではないか。

琉球新報は一〇月二九日の社説「土人発言抗議決議　沖縄差別の政策やめよ」で、「ネット上で国策の基地建設に反対する県民が『土人・シナ人』呼ばわりされ、県民を異端視し偏見を助長する言説が流布されていることが背景にある。政府の沖縄への基地集中政策と、これに抗う県民の対立が県民に対する偏見を助長し、若い世代の差別感を再生産しているのだ」と指摘している。

■鶴保沖縄担当大臣の発言

大阪府警の機動隊員による「土人発言」問

題は、さらに波紋を広げた。

鶴保庸介・内閣府特命担当大臣（沖縄及び北方対策担当）が一一月八日の参院内閣委員会で「『土人である』と言うことが差別であるとは個人的に断定できない。その言葉が出てきた歴史的経緯には、様々な考え方がある。現在、差別用語とされるようなものでも、過去には流布していたものも歴史的にはたくさんある」と答弁したのである。野党側が追及する中で、一一日の記者会見でも「撤回しない」という意思を重ねて述べている。一〇月二〇日の記者会見では「県民感情を損ねているかどうかについて、しっかり虚心坦懐に、つぶさに見ていかなければならない」と述べていた。

二〇一六年六月に施行された「ヘイトスピーチ規制法」を所管する法務省の萩本修・人権擁護局長が一〇月二五日の参院法務委員会で「不当な差別的言動はいかなる者に対してもあってはならない。一般に警備中の警察官がご指摘のような発言を行うことは人権擁護上問題がある」と答弁し、金田勝年・法務大臣も「不当な差別的言動」に当たるとの認識を示す中での発言である。明治政府がアイヌ民族の同化政策を進めるために制定された北海道旧土人保護法の廃止（一九九七年）は、名称そのものへの批判もあった。

沖縄・北方担当大臣の役割とは何なのか――と、その資質を疑わせる鶴保氏の発言には松井大阪府知事と同根の沖縄観を感じさせる。鶴保氏の本音は沖縄県民が「『土人』であるという表現のどこが問題なのだ」ということなのであろう。

翁長知事が「鶴保大臣は閣僚の中ではいちばん沖縄に気持ちを寄せて頑張っていく立場にある。そのような発言をしたことは大変遺憾であり、残念だ。担当大臣として沖縄への理解が進んでいないのではないか。沖縄の歴史が分かれば、そういう発言は出てこないと思うし、なぜ沖縄担当大臣という役職があるのかも含めて議論する機会があれば、しっかりとお伝えしたい」と不快感を示すのも当然である。

沖縄をめぐる公人による差別的な言動はこれまで何度も繰り返されてきた。例えば、二〇一一年三月には米国務省のケビン・メア日本部長が前年一二月に米国のアメリカン大学（ワシントンＤＣ）の一四人の大学生を相手に国務省内で行った講義の中で次のような発言をしていたことが明らかになった。

「日本人は合意文化をゆすりの手段に使う。合意を追い求めるふりをし、できるだけ多くの金を得ようとする。沖縄の人は日本政府に対するごまかしとゆすりの名人だ」

「沖縄の主産業は観光だ。農業もあるが、主産業は観光だ。沖縄ではゴーヤー（ニガウリ）も栽培しているが、他県の栽培量の方が多い。沖縄の人は怠惰で栽培できないからだ」

これはオフレコ講義とされたが、学生が作成したメア氏の発言録を入手した共同通信の記者が報じたスクープだった。メア氏は駐沖縄総領事として米軍普天間飛行場の移設先を辺野古にすることを主張してきた。メア氏自身は「学生からの二次的な情報をもとに、特定の発言を私の発言とするのは不適切だ。発言録は正確でも完全でもない」（『決断できない日本』文春新書）と反論している。

同じ年一一月には防衛省の田中聡・沖縄防衛局長が在沖縄の一部報道関係者と那覇市の居酒屋であった懇談の場で発言した内容も政治問題化した。

田中氏は、普天間飛行場の移設に関連し、一川保夫・防衛大臣が環境影響評価書の沖縄県への提出時期を明言しないことに絡んだもので、「（女性を）犯すときに『これから犯しますよ』と言いますか」という内容だった。ほかにも「四〇〇年前の薩摩侵攻のときは軍がいなかったから攻められた。『基地のない平和な島』はあり得ない」「来年夏までに普天間『移設』が進展しなければ辺野古『移設』はやめる。普天間はそのまま残る」と発言していた。メアと田中の両氏は、発言後に更迭されている。

大阪府警の機動隊員による差別的な言動は、こうした延長線上にあったと沖縄の人々が受け止めたのは当然である。

話を「土人、シナ人発言」問題に戻す。

沖縄県議会が一〇月二八日に、「県外機動隊員による沖縄県民侮辱発言に関する意見書」を与党・中立会派の賛成多数で可決した。国家公安委員長、警察庁長官宛ての意見書は「沖縄県民の誇りと尊厳を踏みにじり、県民の心に癒しがたい深い傷を与えた」とし、「このようなことが繰り返されないよう強く要請する」としている。

一方、自民会派が提出した「高江現場における不穏当発言に抗議し警備体制の改善を求める意見書」は否決された。同意見書は「今回の発言は県民に向けられたものではなく、県民への差別発言でもない」と明記。さらに「お前は心が歪んでいるから顔も歪んでいる、大阪の人間は金に汚いよね、街を歩くときは後ろに気を付けろ」などのヘリパッド建設反対派が発したとされる発言を列記し、「警察官の人格、尊厳を傷つける発言は問題とせず、警察官の発言のみを取り上げることは、余りに一方的と言わざるを得ない」と明記した。

自民党会派の認識には、表現の自由を保障した憲法は、九九条で国務大臣や国会議員、その他の公務員に対して憲法を尊重し擁護する義務を課していることは頭の中から抜け落ち、公人と私人の区別もつかないらしい。自民会派の意見書に従えば、与党・中立派の意見書は「シナ人」発言をした巡査長が「つい乗ってしまった」と述べた「反対派と対立する人たち」の言動もまた問題視しなければならなくなってしまう。

沖縄県議会が全会一致で意見書を可決できなかったことは、政府をきっと喜ばせたに違いない。

ヘリパッド建設をめぐっては反対派の排除だけでなく、現地で取材する記者も機動隊によって拘束される事態が発生したことにも触れたい。

記者の拘束があったのは、二〇一六年八月二〇日午前だった。琉球新報と沖縄タイムスの記者二人は、建設資材を乗せたダンプを阻止するために座り込んだ五〇人ほどの市民に対し、機動隊員が強制排除する様子を撮影するなどして取材していたところ、機動隊員に腕を捕まれたり、背中を押されたりするなどして警察車両の間に市民とともに閉じ込められ、身柄を拘束された。記者は、報道関係者であることが分かる腕章や、社員証を示して拘束をやめるよう訴えたが、聞き入れられなかったという。二人の記者が解放されたのは全てが終わった後だったという。この間、最長で三〇分に及んだ。沖縄県警の池田克史本部長は県議会で「腕章をしておらず、記者だと名乗ることもなかった。狙い撃ちで行動を制限しているものではない」などと答弁したが、両社側は「事実に反している」としている。安倍政権もまた沖縄県警による記者の拘束について「警察の責務を達成するための業務を適切に行っており、報道の自由は十分に尊重されている」とする答弁書を一〇月一一日に閣議決定している。

日本新聞労働組合連合（小林基秀委員長、新聞労連）は八月二四日に「警察による新聞記者の拘束、排除に強く抗議する」との声明を出した。「国境なき記者団」（本部・パリ）も一〇月二二日に「沖縄における報道の自由侵害を懸念する」とする声明を発表している。国境なき記者団は毎年、「報道の自由度ランキング」を発表している。対象となる一八〇カ国・地域の中で日本は近年、順位を落としている。二〇一〇年は一一位だったが、一四年は五九位、一五年は六一位。そして一六年はさらに下がり、七二位だった。日本周辺のアジア地域では、台湾（五一位）、モンゴル（六〇位）、香港（六九位）や韓国（七〇位）よりも低かった。主要八カ国首脳会議の参加国で、日本より低かったのは、イタリア（七七位）とロシア（一四八位）。一七年はいったい何位になるのだろうか。

■沖縄一揆

二〇一五年一月一五日に防衛省沖縄防衛局が、米軍普天間飛行場（沖縄県宜野湾市）の名護市辺野古沖合への移設に伴う海底ボーリング調査に向けた海上作業を四カ月ぶりに再開したというニュースについても考えたい。この日、キャンプ・シュワブのゲート前では八〇代女性が転倒して救急搬送されたり、海上ではカヌーで抗議行動をした一九人が一時拘束されるなど海上保安庁と沖縄県警を動員した騒然とした中での強行だった。

首都圏で読むことができる新聞の大半は、事実関係を淡々と伝えるだけのストレートニュースだった。「土人、シナ人」発言のときと同じである。

言うまでもなく、「新基地ノー！」は、普天間移設問題を争点にした二〇一四年の選挙、つまり名護市長選（一月）、名護市議選（九月）、県知事選（一一月）、衆院選（一二月）の四つの選挙を経て示された「オール沖縄」の明確な意思である。海上作業の再開は、それがあたかもまるで何もなかったかのようにする政府の対応だった。これに対して、菅義偉官房長官は辺野古移設について「普天間飛行場の危険除去と固定化を避ける唯一の解決策」「粛々と進める」と選挙のたびに記者会見で繰り返した。沖縄県民の民意が

オスプレイ配備の撤回を訴える翁長雄志沖縄県知事（当時は那覇市長＝右）。東京・日比谷公園で開かれた「NO OSPREY 東京集会」（2013年1月27日）

一顧だにされないという日本の民主制の根幹が問われる大問題だ。

だから、全国ニュースとして東京のマスメディアであっても深く掘り下げた報道があってもいいはずなのだ。琉球新報や沖縄タイムスといった地元紙が、総力特集と言っても良いほど大々的に報じているのは当然だとしても、その差はあまりにも際立っている。海を越えた遠い独裁国家での出来事ではない。日本国内で現在進行形で起きていることなのだ。首都圏の読者にとっても。報道機関による問題提起に対する期待は、大いに裏切られたに違いない。もちろん私自身もその一人である。

実は、冒頭に「やっぱり」と書いたのには、伏線があったからだ。それは、二〇一三年一月二七日のことである。

米海兵隊普天間飛行場からの垂直離着陸輸送機MV22オスプレイ配備撤回と同飛行場

を閉鎖・撤去し、県内移設の断念を求める集会が、東京都千代田区の日比谷公園・野外音楽堂で開催された。「オスプレイ配備に反対する沖縄県民大会実行委員会」（共同代表・喜納昌春沖縄県議会議長ら五人）が主催した「NO　OSPREY東京集会」には、全国各地から四〇〇〇人以上が参加した（主催者発表）。沖縄県内の全四一市町村長（代理を含む）や議会議長、県議ら約一四〇人の同集会への参加や、安倍晋三首相宛ての「建白書」の提出など、東京で展開される一連の行動は、沖縄本土復帰（一九七二年五月）後では、最大規模だという。

東京集会では、共同代表の喜納昌春・県議会議長と同じく共同代表の翁長雄志・県市長会長（那覇市長）、城間俊安・県町村会長（南風原町長）、永山盛廣・市議会議長会長（那覇市議会議長）、中村勝・町村議会議長会長（南風原町議会議長）、渡久山長輝・東京沖縄県人会長らが登壇した。

喜納氏は「普天間基地は、市街地の真ん中に居座り続け、世界一危険な飛行場だ。県民の総意である基地の負担軽減を実行してほしい。米軍基地機能強化を一層、押し付けるもので、県民、子どもたちを危険にさらすものだ」と訴え、城間氏は「沖縄に七四％の基地を押し付けている日本国民は、沖縄県民の怒りをわかちあってほしい。沖縄の状況を知ってほしい。怒りを痛みを知ってほしい」。渡久山氏は、復帰前に沖縄を離れたが、「沖縄出身というだけで受けたいわれなき差別が、いまだに続くというのはどういうことか」と心情を吐露した。

「このような危険な飛行場に、開発段階から事故を繰り返し、多数にのぼる死者を出している危険なオスプレイを配備することは、沖縄県民に対する『差別』以外なにものでもない。現に米本国やハワイにおいては、騒音に対する住民への考慮などにより訓練が中止されている」。これは、主催団体の共同代表である平良菊・沖縄県婦人連合会長が読み上げた建白書の内容の一部だ。建白書は、オスプレイ配備に関する日米での差別を告発している。市町村長や議会議長の署名・押印があり、県民の総意と言っていい。二〇一二年九月九日に宜野湾市の宜野湾海浜公園であった一〇万人余が参集した県民大会。その三週間後には、予定通り普天間飛行場に飛来し、日本政府も追認した。「県民の意思を内外に示したが、何事もなかったようにオスプレイが配備された」。実行委員会の玉城義和事務局長（沖縄県議）はそう表現した。

オスプレイ配備には、県知事と同県全市町村長が反対声明を出し、県議会と全市町村議会が反対決議した。二〇一二年の衆院選では当選した自民党議員も全員が反対の立場を崩していない（その後、賛成の立場に転じた）。あらゆる民主主義的な仕組みを尽くして沖縄県民の意思を示し、一〇万人の県民が集まって直接意思を表してもなお事態は動かない。

建白書の読み上げを会場で聞きながら、今回の沖縄からの要請行動を栃木県出身の衆院議員、田中正造が日本最初の公害問題とされる明治時代に起きた足尾鉱毒事件でやむにやまれぬ気持ちから明治天皇に同じ日比谷で行った直訴や、渡良瀬川流域の村民らによる政府への押し出し（陳情）の光景と重ね合わせた人もいたのではないだろうか。

明治政府が、原因企業の古河鉱業（現在の古河機械金属）に配慮し、鉱毒被害を過小評価して、操業を続けさせた構図は、被害の実態を直視しない日米政府の基地政策にそっくりである。玉城氏は、「これ以上、私たちには手がない」とし、今回の取り組みを「平成の沖縄一揆」と表現した。沖縄史ではなく、日本現代史に間違いなく刻まれるだろうが、沖縄一揆は、過去ではなく、いま、現在進行形で起きている出来事なのである。

■沖縄独立論

この「沖縄一揆」での行動を基盤に保革が一致した「建白書勢力」が二〇一四年の衆院選小選挙区での新基地反対派候補の当選や、一五年の県知事選で、那覇市長だった翁長雄志氏の勝利を後押しした。東京集会は、今日の沖縄の動きに繋がる歴史を動かした出来事だったが、大半の在京メディアの反応は、このときも鈍かった。

琉球新報と沖縄タイムスは、東京集会まで連日、紙面を大きく割いて報じ続け、当日には別刷り(琉球新報は八ページ、沖縄タイムスは四ページ)を発行した。

これに対して、二八日朝刊で一面に掲載したのは東京で発行されている一般紙では「朝日」と「東京」のみ。両紙は社会面でも関連記事を掲載したが、「毎日」「読売」「日経」は社会面だけだった。

私が当時所属していた毎日新聞は、第二社会面の掲載であまり目立たなかった。事前に編集責任者に大きく扱ってほしいとお願いしたが、アピールがうまくできなかったのではないかと反省した。編集側の判断は「それによって事態が動くのか。動かないなら大きなニュースではない」というものであったと記憶する。そういうニュースの価値判断もちろんあり得るかも知れない。その一方で、キャンペーンのように記事の扱いを大きくすることで社会問題として読者に訴える報道もある。高市早苗総務大臣による「停波発言」問題は典型例だろう。東京集会の小さい扱いは、判断ミスだったと思う。

沖縄タイムスは一月二九日社説「『建白書提出』成果をどう引き継ぐか」の中で「二日間の日程を終え

て総括の記者会見を開いた要請団からは『本土の圧倒的な無関心、無理解を前にしてチルダイ（がっかりの意の沖縄言葉）した』『（大手マスコミの扱いなど）本土と県民の間に大きな温度差があるのを痛感した』などの声が上がった」と書いた。論説子がそう書きたくもなる気持ちはわかる。

もともと沖縄メディアが本土メディア、特に東京のメディアに向ける視線は、厳しい。繰り返すがオスプレイ配備には、県知事と同県全市町村長が反対声明を出し、県議会と全市町村議会が反対決議したが、強行された。衆院選では、沖縄の小選挙区・比例復活で当選した自民党公認の議員全員が普天間飛行場の「県外移設」を掲げていながら、安倍晋三首相は「辺野古移設」に意欲を示した。沖縄タイムスは安倍氏の発言に対して、二〇一二年一二月二三日の社説「『脱辺野古』を直視せよ」で「日米の官僚、政治家、大手メディア一体の構造的差別が県外移設の壁となる現実」と評した。

当時、沖縄担当の記者でもないのになぜ、筆者が会社にお願いしたのかと言えば、東京集会前年の二〇一二年九月、オスプレイが沖縄に配備されようとしているさなかに那覇市で開かれたマスコミ関係者による「マスコミ倫理懇談会全国協議会」の大会に参加した経験があったからだ。この協議会は二〇〇以上の新聞、放送、出版各社が参加する最大のメディア関係団体だ。大会のテーマは「沖縄で問う　日本の今とメディアの責任」。現地からの報告で注目を集めた一つに、基地経済についてがあった。沖縄県企画部によると、「基地依存度」（県民総所得に占める軍関係の収入割合）が一九七二年度には一五・五％だったのが二〇〇九年度には五・二％に低下しているという。返還された基地跡地を利用した開発による経済効果示す統計もあり、比嘉徳和・企画調整統括監は「沖縄経済は全体としては、基地で成り立っている状況ではない」と言い切っていた。

普天間飛行場の跡地開発による生産誘発効果は、三七一六億円に上り、年間賃借料六七億円（一〇年度）に比べ五五倍。雇用も三万二〇九〇人と基地の従業員一九七人（一一年度）から飛躍的に増加するという。しかし、それ以上に強いインパクトを与えたのが、大田昌秀・元沖縄県知事による「沖縄問題とメディア」をテーマにした講演だった。大田氏は次のように訴えたのである。

「基地は要らないのであって（オスプレイが）安全であるかどうかが問題なのではない。本土マスコミにはそこが理解されていない。沖縄は歴史では一度も人間扱いをされてなく、モノ扱いだった。多数派の目的を達成するための手段、捨て石にされた。多数決原理を根拠に少数派が差別されている。構造的差別だ。モノ扱いがこれ以上続くなら独立論も出てくる。復帰四〇年を機に沖縄で真剣に問い直されている問題がある。いったい復帰とは何だったのか。復帰して良かったのか。沖縄が帰りたいような日本であってほしいが、そうはなっていない。沖縄は平和憲法の下に返されたのではなく、日米安保体制の下に返された」

「独立」を口にする大田氏の講演を聞き、筆者だけでなく多くの参加者は「沖縄県民はこれほど基地問題で追い詰められているのか」と非常な衝撃を持って受け止めた。ある在沖縄メディア関係者も「大田さんが沖縄独立論について公の場で言及したのを初めて聞いた」と驚きを隠さなかった。それほど沖縄県民にとっても刺激的な内容だった。当時はまだ、聞き慣れなかった構造的差別とはどのような意味を持つ言葉なのか。新崎盛暉・沖縄大名誉教授は「構造的沖縄差別」（高文研）の中で、その意味について、「数十年にわたる思考停止状態の中での『沖縄の米軍基地に対する存在の当然視』こそ、構造的沖縄差別にほかならない」と解説している。

また、沖縄メディアも大田氏と同じ思いを共有していた。富田詢一・琉球新報社長も大会のあいさつ

「多数決原理を根拠に少数派が差別されている。構造的差別だ。モノ扱いがこれ以上続くなら独立論も出てくる」。本土からの報道関係者を前に大田昌秀・元沖縄県知事はそう訴えた。2012年9月26日、那覇市内のホテルで。

の中で、「沖縄の民意は『オスプレイも普天間の県内移設もだめ』と明らかだ。普天間の県内移設やオスプレイの配備を『第三の琉球処分』とする見方がある。琉球は日本ではないと政府に言ってもらった方がいい。そうすれば政府に頼らないで国際世論に訴える」と述べた。社長の発言の翌日（一二年九月二八日）の同紙社説の主見出しは「沖縄は植民地ではない」だった。同紙はこの年の一二月三一日朝刊の社説「差別実感させられた年　犠牲の強要はね返そう」の中で、「政党や政府に期待できないことが明らかになった今、県民に求められるのは自らの将来を自らで決める確固たる意思だ。無力感を乗り越え、沖縄に犠牲を強要し続ける勢力にあくまで対峙し、差別をはね返したい」と指摘し、翌一三年一月一日の社説は「自治・自立・独立についての県民論議が、より深まることを期待したい」と呼びかけた。

東京での「沖縄一揆」は、こうした文脈上でとらえるべきだったのではないかと思った。ある沖縄県の報道関係者は在京マスコミ各社の報道に「各社ごとに事情があるのでしょうが、どれだけ真剣に沖縄が訴えれば沖縄の声に耳を傾けてくれるでしょうか」と落胆を隠さなかった。ただ、黙るしかなかった。そして、在京メディアは、何年たっても変わっていなかったということになるのだろうか。

■民意を無視する国は民主主義国家とはいえない

「選挙で示された民意を尊重し、それを政治に反映させるのが民主主義である。そのことを無視する国は民主主義国家とはいえない」「沖縄だけの問題ではない。日本の民主主義が問われていることを国民も自覚するべきである」。琉球新報が二〇一五年一月一六日に掲げた社説「辺野古作業再開　民主主義が問われている」はそう指摘した。

社説は大きく三つの問題提起を含んでいると思う。それは、①政府は選挙結果を無視して良いのか、②新基地建設は沖縄の地域問題なのか、③国民全員が考えるべきではないのか。いずれも民主主義と深くかかわる論点である。社説のいう「日本国民」には当然、報道人も含まれる。

沖縄のマスメディア事情は、東京とは大きく異なることから押さえたい。沖縄県の世帯数は約五七万世帯。新聞の発行部数は、地元の琉球新報と沖縄タイムスが各一六万部ほどで拮抗し、両紙を合わせた新聞市場でのシェアは、九割にも上る寡占状態となっている。いわゆる全国紙の中で現地印刷して毎朝配達される新聞は、日本経済新聞だけで、発行部数は五〇〇〇部台と最も多い。これに対して、一般紙では朝日は一〇〇〇部台。毎日、読売、産経などはいずれも一〇〇〇部未満で、新聞は本土から空輸されるため配達は朝ではなく午後になる。つまり朝刊とはいうものの沖縄県の読者にしてみると、情報の遅い夕刊紙に映る。当然、沖縄県版はない。全国紙と言っても販売部数上は、沖縄の読者を意識した紙面作りをする必要は事実上ないのである。沖縄で取材する記者は、言ってみれば海外に赴任する特派員の役割に近い。

一方、地上波の放送局も民放は三波。フジテレビ系列の沖縄テレビ。テレビ朝日系列の琉球朝日放送。TBS系列の沖縄放送で、日本テレビ系列はない

辺野古への新基地建設をめぐる在京メディアの社説にみるスタンスは、朝日、毎日、東京が選挙結果を受けて白紙に戻し、米国との再交渉を求めている。これに対して、読売、産経、日経が政府の方針と同じで辺野古への移設を支持するという構図で二分している。集団的自衛権の行使容認や、安全保障関連法に対する姿勢と重なる。ところが問題なのは、社説では二つの勢力が対立しているように見えるが、読者が接する機会の多い政治面や社会面での展開がどちらも目立たず、民主主義が問われている重要問題なのだという論点が紙面からは見えにくいことにある。例えば、一月一六日の辺野古での工事再開を伝える朝刊記事でもっとも大きな扱いで報じたのは読売だったのである。そうなると、社説を書く各紙の論説委員会というよりも日々のニュースを扱う「編集局」のニュース感覚が問われるということになるわけだ。

沖縄の基地報道は報道各社とも主に政治部が担う。従って沖縄への基地集中がもたらす被害を社会的な問題としてよりも政局として報じる傾向が強い。つまり、日常的に存在する被害はニュースにならず、事態が動く、特に政府や政治が動くときに初めてニュースになるわけだ。

全国紙や地方紙が加盟する共同通信労組出身の新崎盛吾・前新聞労連委員長によると、共同では記者数名が那覇支局に配置されている。記者が書いた原稿はまず、支局を管轄する福岡のデスクがチェックする。その後、ニュースの価値を判断する部門をへて加盟社に記事配信される仕組みだという。しかし、デスクが政治部出身だったり、東京発の記事のほうが扱いが良いなど現場感覚を反映した原稿の中で、東京の視点が強まる。

新崎氏は「政治部優先の構造の中に現場記者の思いが押さえ込まれてしまっているのだと思う」と指摘する。新聞の場合はやや異なるが、最も顕著なのは、九州地方で配達される西部本社版と、東京本社版の扱いの違いである。もちろん東京本社版の方が小さい。

琉球新報東京本社の島洋子報道部長（現政治部長）は「東京では、事件・事故など社会部的な問題のときには沖縄の情勢が大きく報道されるが、日米地位協定の問題になると途端に小さくなる」と指摘する。

地位協定をめぐって、琉球新報は二〇〇四年に米軍優位の基地運用を示した外務省の機密文書、逐条解説「日米地位協定の考え方」を入手し、全文を報道した。

「国民の権利を侵害してまで米国の基地の使い勝手を優先する日本外交の暗部があぶり出された」（松元剛・琉球新報記者「沖縄・基地ジャーナリズムの立ち位置」『ジャーナリズムのいま』みずのわ出版）内容だった。政治部が「運用見直しの流れにならない」と判断したかどうかはわからないが、結果として各社とも追随せず、政治問題として広がらなかったという経験があるという。

こうした沖縄報道の構造を考えると、一月一五日の海上作業開始にはほとんど関心を示さなかった在京メディアが、二月に入って報道に力を入れ始めたことも理解できる。

二月二二日、米軍キャンプ・シュワブのゲート前で抗議活動を行っていた沖縄平和運動センターの山城博治議長ら二人を米軍の日本人警備員が身柄拘束し、沖縄県警が刑事特別法違反容疑で逮捕。さらに沖縄防衛局が辺野古沖に投入した大型のコンクリート製ブロックが、岩礁破砕許可区域外のサンゴ礁を傷つけている問題が浮上し、翁長知事が一六日に工事の停止を指示し、許可の取り消しが焦点となった。二〇一六年一二月一三日に沖縄本島の東三〇キロほどの海上で夜間訓練中だったオスプレイが墜落、名護市安部の沿岸の浅瀬で機体が大破した事故は、全国ニュースとして連日大きく報じられた。いずれも事件・事故であり、永田町・霞が関が動くからだ。報道の「公式」通りなのかもしれない。

■統治者視点の報道

「記者はマメに市民運動のイベントに顔を出したりするのは基本中の基本動作だと思う」「記者が『在野的』であることの価値ももちろんある」。大学で「報道現場」論を教えている澤康臣・共同通信記者は、自分のフェイスブックにそう書き込んでいる。澤記者は「若い記者が運動の現場に足を運ばなくなってきているのではないかと感じている」と語る。新崎前委員長も「東京でデモしても沿道から手を振る人はいないが、市民とメディアとの距離が近い沖縄では普通のお年寄りまでが手を振って応援してくれる。市民と距離を置く在京メディアは市民運動の背景にある変化を理解できていないのではないか」と指摘した。

誰が使い始めたのか分からないが、「プロ市民」という造語がある。たとえば、首相官邸前で原発再稼働や特定秘密保護法、集団的自衛権行使容認、安全保障関連法に反対する人たちのことを一般の人とは異なる「プロ市民」と呼んで、いわば「特殊な人間」視する風潮が報道関係者の間でも広がりつつある印象を感じ始めていたところだった。記者が市民活動から距離を置き始めているのではないか、という二人の危惧には合点がいった。

一方、報道関係者の口からしばしば飛び出してきたのが記者の「統治者視点」という問題だった。琉球新報の島報道部長は「官僚や政治家の説明をそのまま受け止めている面があるのではないか」と話していた。政策に通じた新聞記者が論争を官僚に挑むのではない。その典型例が沖縄県民への優遇とみられている振興費だ。実態は県民一人当たり換算で全国六位であるにもかかわらず、沖縄が特別待遇を受けていることを前提にするかのような紙面作りには違和感があるという。

琉球新報東京本社の問山栄恵記者（現ワシントン特派員）は、沖縄県民の読者が驚くような経験があったことも明かしてくれた。一部の在京メディアには、琉球新報がいま何に関心を持って取材しているかを政治家や官僚に報告する「スパイ」のような記者もいるのだという。

沖縄タイムスは二〇一五年二月一七、一八日にかけて、海上保安庁が長官会見を前に、同庁の記者クラブに所属する記者に対し、辺野古での海保や県警の過剰警備を取り上げた沖縄タイムス、琉球新報の地元二紙の記事を「誤報」だと個別に説明していたことを二一日に取り上げた（海保は「記者の求めに応じた」との立場）。ところが海保は肝心の二紙への訂正などは求めないのだという。

これは、典型的な「メディア分断」だが、一定の便宜供与と引き換えに自主規制する記者もいる。島部長も「ある在京キー局のニュースディレクターと若手記者向けの研修会で知り合った。辺野古で起きていることを訴えても『海保にはお世話になっている。悪者にする映像は流せない』と言っていた」とあきれ顔だった。

公権力に自ら「仲間」を売ったり、自粛する記者がいることは私の経験からもうなずけた。残念ながら、記者の中には「ネタ」ほしさに政府のウソ情報を真実のように裏で方々にたれ流すたちの悪い記者もいるのだ。問山記者は「私たちは県民の視線で報じようとしているが、在京メディアは一体誰のために報道しているのだろうか」と話した。

沖縄県出身の砂川浩慶・立教大学教授（放送論）は次のように語る。

「在京メディアは記者だけでなく幹部も外国の軍隊が駐留しているという日常を皮膚感覚として理解できていないのではないか。自民党の一強多弱の国会勢力の中で安倍政権への配慮がNHKをはじめメディアの中に強まっているように映る。新基地建設賛成のメディアが考える国益に、沖縄の民意は含まれていない。ところが現場記者の反発は弱い。在京メディアのニュースバリューの判断がこのまま変わらないのでは、権力チェックの役割を果たせないのではないか」。

二〇一三年の東京集会での翁長知事の訴えは「沖縄県民は目覚めました。もう元には戻りません」という言葉で始まる。日本は紛れもなく民主主義国の一つで、誤った政府の政策は、投票箱と民主制の過程によって是正するという仕組みを採用しているはずだ。

これまで見てきた辺野古報道の構図は沖縄に限ったことではない。一九九〇年代前半には、全国各地で旧建設省によるダム・河口堰開発や林野庁の大規模林道といった、開発計画から数十年もたって産業構造も変化し、不要になったにもかかわらず、見直しのきかないまま自然を破壊し続ける大型公共事業が地方では大きな問題になった。

これも地方紙や全国紙の地方版には掲載されるが、全国ニュースになることはまれだった。各地のこれらの記事は、当時、家庭でも普及し始めたファクスや、パソコン通信を通じて市民運動の人たちによって少しずつ全国へと伝わっていった。多少なりともマスメディアの役割はあった。

ところが今日はどうだろうか。二〇一四年七月の新基地建設の着工時から現地の緊迫する様子を追いかけ続けたドキュメンタリー「圧殺の海」（監督・藤本幸久、景山あさ子）の上映会が神奈川県内であった。主催者側が挨拶の中で「フェイスブックで見ているが、何で（現地で）あんなことになっているのだろうか。抗議は当然だ。（弾圧は）日ごとに酷くなっている」と話していたのには驚いた。現地の人たち自身が発する情報を頼りしていたのに対して、テレビや新聞などのマスメディアによる報道は印象に残っておらず、日常的な情報源にはなっていないようだったのである。

辺野古での新基地建設をめぐる沖縄と本土の意識の違いについて、そもそも決着済みとの本土での意識を指摘する意見もある。「鳩山政権の評価は沖縄と違って本土メディアでの評価は非常に低かった。鳩山由紀夫氏が『最低でも県外』と発言して沖縄県民の期待を膨らませ、県民にぬか喜びさせたことの深刻さを別にすると、本土メディアには『もともと辺野古だった』との認識があると思う」。そう指摘する関係者は少なくない。「メディアだけでなく本土の人は基地負担を沖縄にお願いしておきながら、基地問題の議論に参加すれば、今度は自分が引き受けることになりかねないので黙っていた方が得策だ。『鳩山は良くない』にしておけばいい」。

いま、目覚めるべきなのは在京メディアなのである。

最後に指摘しておきたい論点がある。

中国や韓国など近隣のアジア諸国が、軍事力だけでなく、戦後しばらくの間は日本が圧倒してきた経済力でも力を付け、台頭してきた。こうした状況の変化に影響を受けたのか、記者のなかにも日本の国益を重視しようとする考えが浸透してきているように感じている。

それは奇しくも琉球新報の両記者が、四〇代以上の記者はそもそも沖縄へのシンパシーを感じてくれているようだが、若手にはそれがないようだ、と話していたこととも関係があるのではないか。たとえば、社説では特定秘密保護法や安全保障関連法に反対している新聞社の記者にも、両法への賛成者は少なくない。毎日新聞も含めてである。

こうした記者の考えには、発言力の大きい学者の及ぼす影響も無視できないように思う。ある新聞の防衛省担当記者が集団的自衛権の行使容認について書いた記事を読んで、思い出したのが、二〇一五年一月元日の公明新聞に掲載された苅部直・東京大学教授の寄稿だ。

苅部教授は「一国平和主義ではもはや不十分である。また、他国の苦難を救うために自衛隊を派遣するのをこばむ態度は、外から見れば単なる独善だろう」とし、米国などと連携した東アジアの平和の確保に積極的に関わっていく必要がある、と主張している。防衛省担当の記者が読んでいたかどうかはわからないが、先の記者が影響を受けたのではないかと思うほど似通っていた。こうした流れはますます加速しているように感じている。

前出の砂川教授は、学生に国益、国家益、国民益の違いについて述べよという課題を毎年のように出しているという。記者教育にもこの課題が必要になるような時代が来るとは思いたくない。

「沖縄一揆」となった二〇一三年一月の東京集会で、実行委員会の玉城義和氏は、現場で取材中の報道各社の記者に呼びかけた。

「ここに取材に来られている記者の皆さんにもお願いがある。在京の中央のメディアが報じないと、全国的な興味関心を持ってもらうことはなかなか難しい。沖縄ではいろいろな問題が起こっても、なかなか中央紙とかあるいはメディアの電波に乗らない。こういうことを沖縄県民は感じている。沖縄の課題を取り上げていただきたい」。

その後、どうなったのか。沖縄報道の現状は相当、深刻な問題をジャーナリズムに突きつけているのである。

■翁長雄志氏の名スピーチ

二〇一三年一月の東京集会ではどの登壇者の言葉も心に訴える力を持っていたと思う。筆者はその中でも翁長雄志那覇市長（現沖縄県知事）のスピーチには特に強く打たれた。録音を文字に起こしたので、少々長くなるが最後に紹介したい。

◇　◇　◇

ここ首都東京日比谷公園に沖縄県民の総意が結集を致しました。沖縄県民は目覚めました。もう元には戻りません。変わりません。日本国もどうか変わっていただきたい。戦前、戦中、沖縄は国に操を尽くしてまいりました。戦後はサンフランシスコ講和条約で日本の独立と引き換えに、約二七年間米軍の施政権下に差し出されたわけであります。米軍との過酷な自治権獲得闘争は、想像を絶するものがございました。

当然のごとく日本国憲法の適用はありません。児童福祉法の適用もなし。国会議員も沖縄から一人も送ることができませんでした。その間、日本国は自分の力で日本の平和を維持したかの如く、高度成長を謳歌してきたわけであります。沖縄は日本に復帰しても、ほとんど変わらず、〇・六パーセントの面積に七四パーセントの米軍専用施設を押し付けられ、基本的人権は踏みにじられ、今回の欠陥機オスプレイの強行配備、その怒りは頂点に達しております。

沖縄県民の意識は大きく変わりました。基地を挟んで保守革新がいがみ合うのではなく、オール沖縄で基地の整理縮小を強く訴えていこう。沖縄の未来を担う子や孫に沖縄県民としての誇りと自信を持ってもらう。日本国民としての希望と勇気を持てるように、我々責任世代は立ち上がったのであります。

沖縄県民は基地で飯を食っているわけではありません。ほとんどの国民の大きな誤解であります。確かに二七年間の米軍施政権下では、GDPは一五パーセントございました。しかし、現在は五パーセントであります。二十数年前に、返還をされました那覇市の二一五ヘクタールの米軍基地がどのように変わったかというと、経済規模で五二億円から六〇〇億円で一〇倍強、税収で六億円から九七億円、一五倍。雇用が一八〇人から二万名に変わったのであります。このことは米軍基地は経済発展の最大の阻害要因であります。

安倍総理は、日本を取り戻すとおっしゃっておりますが、その中に沖縄は入っているのでしょうか。沖縄に今までどおり、日米同盟、日本の安全保障のほとんどを押し付けておいて、日本を取り戻すことはできません。しかも現状で、大きな事件、事故が発生をしたならば、日米同盟、日米安保体制は吹っ飛んでしまいます。沖縄はただ、偶然という砂上の楼閣に、日々過ごしていると言っても過言ではありません。

日米安保体制は、日本国民全体で考えるべきであって、皆で考えていただきたいと思います。それだけに日本が民主主義国家として、品格のある国民として世界やアジアに冠たる国としてがんばっていただきたい。このように思うわけでございます。いま他の都道府県で国に甘えているとか甘えていないとかと、言われるような場所があるでしょうか。残念ながら私は改めて問うていきたいと思います。沖縄が日本に甘えているのでしょうか、日本が沖縄に甘えているのでしょうか。これを無視してこれからの、沖縄問題の解決、あるいは日本を取り戻すことはできない。私はこう断言を致します。

あとがき

安倍晋三という人物を初めて認識したのがいつかは記憶にない。おそらく、私も勤めていた『毎日新聞』出身の父・晋太郎氏の死去に伴い、衆院選に出馬し初当選した一九九三年のころではなかっただろうか。しかし、当時の任地は山形で、中央政治とも山口県との取材上の接点もなかった。それが少しかかわるようになったのは、東京本社に異動になってからだ。二〇〇二年度実施の学習指導要領に伴って、当時の文部省に教科書会社が申請した中学校用の歴史教科書から「従軍慰安婦」や「南京大虐殺」といった戦争をめぐる日本の過去の行為について、加害者の視点からの記述が大幅に減少していることを取材した。二〇〇〇年のことである。自民党や一部の学者による「自虐的、反日的だ」との教科書批判や、慰安婦の記述削除を求める地方議会での意見書採択などの影響を指摘する出版関係者もいた。

そうした動きの一つが、「日本の前途と歴史教育を考える若手議員の会」の結成（一九九七年二月）で、同会が九七年に出版した『歴史教科書への疑問』（展転社）には、参加した議員について「中学校歴史教科書に従軍慰安婦の記述が載ることに疑問をもつ戦後世代を中心とした若手議員」とある。総勢、衆議院議員八四人、参議院議員二三人という。そして、この会の代表が、中川昭一氏であり、事務局長が安倍晋三氏。菅義偉、高市早苗の両氏もメンバーだった。この取材を通じて、どのような歴史観を持つ政治家であるのかを知ったと思う。九七年度版から七社の教科書すべてに登場した従軍慰安婦の記述は、新たに申請のあった扶桑社を含む八社のうち三社に減少したことなどを報じた記事が掲載されたのは、九月一〇日朝刊（東京本社版は三面だったが、大阪本社版は一面トップだった）。それから約四カ月後に同会の政治家がNHKの慰安婦番組改変に関与することになるとはこの時は思ってもいなかった。

教科書からの記述の減少はその後も続く。二〇〇六年度版からは「慰安婦」の記述は本文からはついに消え、関連記述も一二年度版からは一社になったという。いまの大学生に番組改変問題について話す機会があるが、そもそも慰安婦について学んでいないのだから説明にとても苦労する。安倍首相らが若手の時から活動してきた、これが「成果」なのだと実感している。NHKは、いまなお慰安婦に関して深く掘り下げた番組を制作していない。

番組改変問題をスクープした朝日新聞は一四年八月、慰安婦に関する過去の報道について謝罪する記事を掲載した。これは、日本の植民地だった済州島（韓国）で、軍の慰安婦とするために若い女性を強制連行したと証言した、吉田清治氏（二〇〇〇年死去）を取り上げた内容で、一九八二年九月の講演に始まり計一六本あった。「虚偽の証言を見抜けませんでした」とし、保守系メディアはこぞって朝日叩きの材料にした。しかし、慰安婦が歴史上、存在しなかったということではないにもかかわらず、マスメディアが慰安婦問題を論じる姿勢は、及び腰のように見える。「触らぬ神に……」ということなのだろうか。これもきっと「成果」なのかもしれない。

それにしても安倍政権の支持率は衰え知らずだ。読売新聞が二〇一六年一二月二八〜二九日に実施した全国世論調査の結果は六三％で、不支持率は二七％。特定秘密保護法や安全保障関連法の成立直後の支持率はそれぞれ、九ポイント減の五五％（一三年一二月）、発足後最低となる四ポイント減の四一％（一五年九月）だったが、翌月には、それぞれ七ポイント、五ポイントも上昇している。すさまじい回復力である。この理由には、安倍政権の巧みなダメージコントロールなどさまざま分析されている。確かに、一六年五月のオバマ米大統領の広島訪問や、八月のリオ五輪閉会式での安倍マリオの登場。同年末にはプーチン露大統領と会談したり、米ハワイの真珠湾を訪問したりするなどテレビ画面や紙面の先にいる視聴者、読者を意識したメディア・イベントの演出は、歴代首相の中では図抜けている。

安倍氏が、小泉政権だった二〇〇三年九月に、わずか当選三回で自民党幹事長に抜擢され、政治の主舞台に上がってから今年で一五年目になる。本書は、その間に安倍氏とマスメディアの間で起きたことを中心に、毎日新聞記者時代からの資料や、執筆した記事を手繰りながら追加取材して、まとめ直したものである（特定秘密保護法のシミュレーションは『週刊金曜日』掲載時のまま）。

その作業の中で、それぞれの出来事が同時代では独立して起きているために見えにくかったことが、系譜をたどることで気付かされたことがあった。その一つに「恫喝」と「懐柔」によって形成されてきた安倍氏と、一部のマスメディアの奇妙な共存関係である。安倍首相は、マスメディアとの対決姿勢を見せつけたかと思えば、新聞界の要望に応えて消費増税時の軽減税率適用という餌をまく――。これも一種のダメージコントロールだろう。安倍政権によるメディア分断とも言えるし、反対にメディア、特に経営陣が安倍政権に近寄ろうとしているようにも映る。そうした状況全体を「アベノメディア」と名付けて、タイトルにした。

そして、もう一つある。報道機関は、その影響力の大きさ故に常に公権力の圧力にさらされている。しかし、それに対して屈するかどうかは別の問題である。経営や編集幹部の萎縮・自粛も含めてだ。過去のケースの中からは、取材・制作現場が直面したときにどう抗うべきかのヒントも隠されているように感じたのである。

ところで今回、本書で紹介した過去の出来事を再確認するにあたって、新聞の縮刷版や記事データベースは、大いに役に立った。歴史の証言者としての報道機関の役割の重さを改めて認識した。

これまで取材に応じてくれた関係者の方々にまずはお礼を申し上げたい。記事に物足りなさを感じたかも知れないが、ひとえにそれは私の実力不足にある。執筆をすすめてくれた、緑風出版の高須次郎氏には大変、感謝している。お声かけがなければ、重い腰は上がらなかった。そして、編集では、斎藤あかねさんと高須ますみさん、校閲では、毎日新聞の石川雅之さんにお世話になった。

二〇一七年は、衆院解散・総選挙が政局の最大の焦点になるようだ。有権者はどう判断するのだろうか。本書が投票の参考になるとうれしい。

最後になるが、二〇一六年、報道界は偉大な先輩を失った。元朝日新聞記者である、むのたけじさん（八月二一日・一〇一歳）と元TBSディレクターの吉永春子さん（一一月四日・八五歳）だ。むのさんは記者としての戦争責任を自らとり、敗戦を機に朝日記者の職を辞し、その後、反戦平和を貫いた。吉永さんは「魔の七三一部隊」をはじめ戦争と戦後の日本を問い続けた。お二人のもとには生前、報道界が直面する問題について意見を聞きにしばしば訪ねた。そのたびに熱い思いを語ってくれた。ご冥福をお祈りしたい。

二〇一七年一月

臺　宏士

[著者略歴]

臺　宏士（だい　ひろし）

1966年、埼玉県生まれ。早稲田大学卒。

90年から毎日新聞記者、2014年フリーに。『放送レポート』編集委員。

著書に『個人情報保護法の狙い』（緑風出版）『危ない住基ネット』（同）。共著に『エロスと「わいせつ」のあいだ　表現と規制の戦後攻防史』（朝日新書）『秘密保護法は何をねらうか』（高文研）など。

検証《けんしょう》アベノメディア
——安倍政権のマスコミ支配

2017年2月20日　初版第1刷発行　　定価2000円＋税

著　者　臺　宏士©
発行者　高須次郎
発行所　緑風出版
〒113-0033　東京都文京区本郷2-17-5　ツイン壱岐坂
［電話］03-3812-9420　［FAX］03-3812-7262［郵便振替］00100-9-30776
［E-mail］info@ryokufu.com［URL］http://www.ryokufu.com/

装　幀　斎藤あかね　　イラスト　Nozu
制　作　R 企 画　　印　刷　中央精版印刷・巣鴨美術印刷
製　本　中央精版印刷　　用　紙　中央精版印刷・大宝紙業　　E1200

ISBN978-4-8461-1701-6　C0036

◎緑風出版の本

■全国どの書店でもご購入いただけます。
■店頭にない場合は、なるべく書店を通じてご注文ください。
■表示価格には消費税が加算されます。

個人情報保護法の狙い

臺宏士著

四六判並製
二六八頁
一九〇〇円

「個人情報保護」を名目にした「メディア規制法」が、国会に提出された。「個人情報保護に関する法律案」だ。この法案は、民間分野に初めて法の網をかけると共に、言論・出版・報道分野も規制の対象になる。問題点を指摘する。

危ない住基ネット

臺宏士著

四六判並製
二六四頁
一九〇〇円

住民基本台帳ネットワークシステムの稼動により行政にプライバシーが握られると、悪利用されるおそれがある。本書は、住基ネットの内容、個人情報がどのように侵害されるかを、記者があらゆる角度から危険性にメスを入れた。

スキー場はもういらない

藤原　信編著

四六判並製
四二一頁
二八〇〇円

森を切り山を削り、スキー場が増え続けている。このため、貴重な自然や動植物が失われている。また、人工降雪機用薬剤、凍結防止剤などによる新たな環境汚染も問題化している。本書は初の全国スキーリゾート問題白書。

ルポ・東北の山と森

自然破壊の現場から

山を考えるジャーナリストの会編

四六判並製
三二〇頁
二四〇〇円

東北地方は、大規模林道建設やスキー場などのリゾート開発の是非、絶滅危惧種のイヌワシやブナ林の保護、世界遺産に登録された白神山地の自然保護をめぐって揺れている。本書は、これらの問題を取材した記者によるルポ。